Achim Schenk

Bewegung macht Spaß

Spielerisch die Motorik unterstützen

**Mit einem Beitrag von
Dr. Gabriela Falkenberg**

Burckhardthaus

Die Reihe „Ideen für Eltern" wird von dem bekannten Spiel-
pädagogen Hajo Bücken herausgegeben. Sie wendet sich an alle
Eltern – an Väter wie Mütter –, an Alleinerziehende sowie an alle im Bereich
Familie tätigen Fachkräfte.
Es erscheinen mehrere Bände im Jahr mit mehr praktischer oder mehr themati-
scher Ausrichtung.
Die Bände sind einzeln oder fortlaufend zu beziehen. Bei fortlaufendem
Bezug sind 15% einzusparen.

Die deutsche Bibliothek – CIP-Einheitsaufnahme

Schenk, Achim:
Bewegung macht Spass : spielerisch die Motorik unterstützen /
Achim Schenk. Mit einem Beitr. von Gabriele Falkenberg. –
Offenbach/M. : Burckhardthaus-Laetare-Verl., 1996
  (Ideen für Eltern)
  ISBN 3-7664-9317-5

© 1996 Burckhardthaus-Laetare Verlag GmbH, Offenbach

Lektorat: Hajo Bücken, Bremen
Titelillustration: Konny Riedl, München
Produktion: Rex Verlagsproduktion, München
Druck und Verarbeitung: RGG-Druck, Braunschweig

Verlagsinformationen:
Jünger Service, Schumannstraße 161, 63069 Offenbach
Tel.: 069/84 00 03 - 22 (0) Fax: 069/ 84 00 03 33

Inhalt

Zum Thema

Besser kann das Thema Bewegung nicht verdeutlicht werden als durch diesen Artikel im Bremer Weser-Kurier vom 15. November 1995:

Schon das Rückwärts-laufen fällt schwer

„Ohne Wackeln auf einem Kreidestrich entlang balancieren – kompliziert. Ohne Stocken rückwärtslaufen – auch nicht ganz einfach. Einen Schlagball klassisch geradeaus werfen – bei solchen Anforderungen kommen immer mehr kleine Kinder ins Schwitzen und Straucheln. Da der Schulsport kaum noch in der Lage ist, auf zunehmende körperliche Bewegungsdefizite angemessen zu reagieren, regen sich jetzt erste Sportvereine."

Die Warnungen, daß es um den allgemeinen Gesundheitszustand vieler Jungen und Mädchen immer schlechter bestellt ist, reißen nicht ab. 85 Prozent aller Schüler sind haltungsschwach, 35 Prozent haben Probleme mit der Bewegungskoordination. Vor Eintritt in die Schule sind zwei Prozent der Kleinen übergewichtig, nach dem zweiten Schuljahr ist ihr Anteil schon auf 23 Prozent gewachsen. In Bremen empfiehlt der Schulärztliche Dienst des Gesundheitsamtes inzwischen für jedes sechste Kind Sport-Förderunterricht. Allerdings wird dieser Unterricht nach einem gravierenden Einbruch im vergangenen Jahr nur noch an jeder dritten Grundschule angeboten. Parallel zum erst jüngst von Fachleuten aus Universität, Sport und Lehrerschaft heftig beklagten Niedergang des Schulfaches Leibesübungen in Bremen starten erste Vereine den Versuch, Kindern eine spielerische Alternative zu bieten. Entsprechende Pläne werden in der Leichtathletikgemeinschaft Bremen-Nord von Trainer Klaus Kastner

geschmiedet und sind im Sportverein Eiche Horn schon in die Tat umgesetzt worden. Dort betreut Silke Jarre den Spiel- und Sportklub, in dem derzeit 50 Kindern aus Grundschulen und Orientierungsstufen des Stadtteils Horn ein Bewegungsangebot gemacht wird.

Zwei Ziele verfolgt die Sportlehrerin: Defizite des Schulsports ausgleichen und Kinder bis zum Alter von zwölf Jahren sportartübergreifend an den Verein heranzuführen, ehe sie sich für eine Disziplin entscheiden können. Silke Jarre: „Wir wollen den Schulsport keinesfalls ersetzen. Uns geht es darum, Kindern ein ergänzendes Bewegungsangebot zu machen."

Diese Ziele werden in fünf Altersgruppen und in aufeinander abgestimmten Ausbildungsstufen umgesetzt. Die Drei- bis Vierjährigen beginnen nach diesem in Baden-Württemberg erprobten Konzept mit Spiel, Spaß und Bewegung, die Zehn- bis Zwölfjährigen beenden ihr Klubvergnügen mit Rope Skipping, der amerikanischen Form des Seilspringens, Jonglage, allgemeinem Turnen und Ballspielen. Dieses Angebot, an dem nicht nur Vereinsmitglieder teilnehmen können, kostet derzeit bis 400 Mark im Jahr. Silke Jarre: „Es gibt allerdings zahlreiche Krankenkassen, die die Kosten bis zu 100 Prozent übernehmen. Umsonst kann ein Verein das nicht machen." Der Leiter des Schulärztlichen Dienstes, Dr. Eberhard Zimmermann, sieht dieses Angebot mit gemischten Gefühlen: „Gegen eine kooperative Zusammenarbeit von Schule und Verein im Stadtteil habe ich gar nichts. Aber grundsätzlich darf das nicht dazu führen, daß ein für alle Kinder erreichbarer schulischer Sport-Förderunterricht unter den Tisch fällt."

In diesem Buch werden Angebote für Eltern gemacht, mit ihren Kindern Bewegungsabläufe auf einer spielerischen Ebene zu üben. Was in der Schule nicht mehr oder nur noch mangelhaft vermittelt werden kann, könnte im Elternhaus durchaus entwickelt werden. Dazu jedoch müssen sich Mutter und Vater immer wieder einmal etwas Zeit nehmen. Anleitungen finden sie hier genügend. Das Tun selbst jedoch kann ihnen nicht abgenommen werden. Eine schöne und lohnenswerte Aufgabe. Die Kinder werden es ihnen danken.

Achim Schenk

Bewegung, Sinne, Spaß:
Was bringt's meinem Kind?

In den letzten Jahren haben die verschiedensten Stimmen die Wichtigkeit der Bewegungsschulung im Vorschulalter hervorgehoben (vgl. Dt. Bildungsrat 1970 und 1975). Dabei lag die Betonung auf der Bewegung als wichtigste Grundlage der kindlichen Wahrnehmungen und Erfahrungen. Gerade durch Bewegung erfährt das Kind sich selbst und nimmt seine Umwelt wahr, so daß es mit dieser in Interaktion treten kann. Es schafft dadurch die Voraussetzungen für neue Erfahrungen und kann seine geistigen Handlungen und motorischen Aktivitäten (Bewegungen) ständig erweitern und aufbauen, also lernen.

Der Naturwissenschaftler und Psychologe Piaget sieht in der Bewegung und Wahrnehmung den Anfang aller Denkprozesse. Durch die Erfahrungen, die aus den Aktivitäten des Kindes entstehen, entwickelt sich die Intelligenz.

Auch die Gestaltpsychologie (vgl., Weizäcker 1939) sieht in Wahrnehmungen und Bewegungen zwei eng aufeinander bezogene Vorgänge. So werden Bewegungen von Wahrnehmungen geleitet und beeinflußt. Umgekehrt werden Wahrnehmungen durch Bewegungen erst ermöglicht. Die Qualität und auch die Quantität von Bewegung und Wahrnehmung sind dabei abhängig von der sozialen Umwelt des Kindes (seinem Lebensraum, seinen Förderungen und seinen Anregungen). Von diesen frühesten Erfahrungen wird das Denken während der gesamten Lebensspanne beeinflußt (Piaget 1970 und 1975).

> **Bewegung und Wahrnehmung beeinflussen sich gegenseitig**

Lernen über die Sinne

Wir lernen über unsere Sinne. Sie ermöglichen es, die für alle Erfahrungen nötigen Eindrücke von Umwelt und eigenem Körper wahrzunehmen und zu verarbeiten. Schon im Mutterleib reagiert der Fötus auf Außenreize, vor allem durch den taktilen Hautreiz und durch das vestibuläre System, das über Lage und Druckverhältnisse Auskunft gibt. Diesen Sinnesempfindungen in der ersten Lebensphase wird entscheidende Bedeutung nicht nur für den sensorischen, sondern auch für den kognitiven und sozial-emotionalen Bereich zugeschrieben.

Um die Sinnesreize aufzunehmen und ohne Störungen zu speichern, sind motorische Aktivitäten unersetzliche Bedingung. Ein Kind ist von Anfang an bewegungsfreudig. Es untersucht mit seinen Sinnen durch Bewegung die Umwelt, differenziert sie und erschließt sie sich im Laufe seiner Entwicklung. Kindliche Bewegungen sind am Anfang ungenau und unkoordiniert. Sie werden erst im Zuge der Entwicklung und durch ständiges Üben sparsam und genau. Im Vorschulbereich läßt sich die Bedeutung für die Entwicklung an vier Faktoren deutlich machen:

a) Aus biologischer Sicht liegen im Alter von 3 bis 6 Jahren wichtige Wachstums- und Entwicklungsabschnitte für den Muskel- und Skelettapparat, die durch Bewegungsschulung entscheidend beeinflußt werden können.

b) Auf psychologischer Ebene sind die Wechselwirkungen des Körperlich-Motorischen mit dem Geistig-Seelischen sicherlich unzweifelhaft. Bewegungsgeschickte Kinder können sich besser in ihrer Umwelt zurechtfinden, was sich wiederum positiv auf das Selbstwertgefühl und das Selbstbewußtsein auswirkt.

c) Die kognitive oder intellektuell geistige Entwicklung wird entscheidend über frühere Bewegungserfahrungen gesteuert. Nur in der motorischen Ausein-

Die fünf Sinne

andersetzung mit der Umwelt können sich Denkentwicklungen vollziehen.

d) Auch die soziale Entwicklung ist nicht unabhängig von der motorischen. Motorisch ungeschickte Kinder haben in der Kinder- und Erwachsenenwelt mehr Schwierigkeiten, sie stoßen auf Ablehnung. Das wiederum wirkt sich negativ auf die motorische Entwicklung aus, da das Kind wichtige neue Bewegungsanregungen z. B. durch das Gruppenspiel nicht erfährt.

Wir brauchen also grundsätzlich Wahrnehmungsfähigkeiten und koordinative Leistungen für das Erlernen von Bewegungen. Für beide Fähigkeitsbereiche sind Wachstum und Reifung wesentlich, jedoch ebenso wichtig ist das Einüben dieser Fähigkeiten. Das Vorschulalter nimmt hier als frühes Lernalter eine wichtige Stellung ein, um solche Bewegungserfahrungen machen zu können.

Welche Wahrnehmungsfähigkeiten werden nun für die Bewegungserfahrungen eingesetzt? Es lassen sich fünf Analysatoren unterscheiden.

1. Der visuelle Analysator oder der Gesichtssinn

Damit wird alles registriert, was wir mit unseren Augen erfassen können. Dadurch wird das zentrale, räumliche, farbliche und periphere Sehen ermöglicht. Durch sogenannte Fotoreize werden z. B. Bewegung und Konturen fixiert.

2. Der akustische Analysator oder Gehörsinn

Er registriert Schallwellen und Frequenzen. Dadurch werden Töne und Geräusche für uns unterscheidbar und wahrnehmbar.

3. Der taktile Analysator oder Tastsinn

Er vermittelt uns Informationen darüber, wie sich etwas anfühlt, aber auch über Oberflächenbeschaffenheiten, Temperatur,

Schmerz, Druck und Berührungen aller Art. Systeme dieser gerade beschriebenen Wahrnehmungen sind die Exterozeptoren (äußere Reizaufnehmer) im Gegensatz zu den Intro- oder Propriozeptoren (innere Reizaufnehmer), die körperinnere Wahrnehmungen aufzeigen. Hierzu gehören:

4. Der vestibuläre Analysator oder Gleichgewichtssinn

Damit wird die Lageveränderung des Körpers im Raum ausgeglichen, so daß es möglich ist, auch in sehr schwierigen Positionen und Situationen eine aufrechte Position einzuhalten.

5. Der kinästhetische Analysator oder Muskel- und Bewegungssinn

Er registriert Muskelveränderungen und gibt uns dadurch das Gefühl von Spannung und Entspannung. Er vermittelt uns Ausdehnungen und Positionen unseres Körpers im Raum, die für motorische Aktivitäten und für das Bewegungsempfinden notwendig sind.

Die Wahrnehmungsfähigkeiten sind Voraussetzung und Bedingungsfaktoren für die koordinativen Fähigkeiten. Koordination läßt sich mit „Zusammenordnen" übersetzen. Gemeint ist damit das Zusammenspielen und Anpassen von Muskeltätigkeiten, die durch das zentrale Nervensystem gesteuert werden. Koordinative Fähigkeiten sind ein Sammelbegriff für verschiedene Einzelfähigkeiten. In der älteren Fachliteratur findet man hierfür häufig die Begriffe Gewandtheit oder Geschicklichkeit. Beide reichen aber nicht aus, um die vielfältigen Vorgänge der Koordination zu beschreiben.

Koordinative Fähigkeiten sind an allen motorischen Aktionen beteiligt und werden deshalb „leistungsbestimmende Faktoren" genannt. Je präziser das System der Koordination arbeitet, desto besser gelingen die unterschiedlichen Bewegungen. Daher lassen sich koordinative Fähigkeiten definieren als das harmonische und möglichst ökonomische Zusammenwirken von

Muskeln, Nerven und Sinnen zu zielgenauen, gleichgewichtssicheren Bewegungsaktionen und schnellen, situationsangepaßten Reaktionen.

Voraussetzungen hierfür sind:

▪ das rechte Kraftmaß, das den Bewegungsumfang und die Bewegungsgeschwindigkeit bestimmt
▪ die richtige Muskelwahl, die die Bewegungsführung und -richtung beeinflußt
▪ die Fähigkeit zu schnellem Wechsel von Muskelspannung und -entspannung als Voraussetzung für die motorische Anpassung. (Kiphard).

Die koordinativen Fähigkeiten werden als sensomotorische Prozesse verstanden (auf Sinnen und Bewegung basierend), die jedoch eng an geistige und psychische Faktoren gebunden sind. Hierzu gehören differenzierte Wahrnehmungsleistungen, Konzentration, Aufmerksamkeit und Entscheidungsvermögen (Bewegungsvorausnahme) sowie Willenseigenschaften und die Motivation.

Die Fähigkeiten zur optimalen Steuerung und Regelung von Haltungen und Bewegungen ermöglichen also die schnelle, genaue und zweckmäßige Lösung motorischer Aufgaben und begrenzen diese gleichzeitig auch. Mangelnde koordinative Fähigkeiten beeinflussen Tempo, Qualität und Dauerhaftigkeit motorischer Bewegungen. Sie sehen dann ungezielt, langsam und wenig schön aus, und das Erlernen neuer Bewegungen ist eingeschränkt.

Wesentlich ist insgesamt die genaue Abgestimmtheit der Bewegung, die auch als „Bewegungsgefühl" bezeichnet werden kann. Erst wenn dieses Gefühl erfahren wurde, werden die Bewegungen diese Harmonie ausstrahlen und können dann zur Entwicklung aller motorischen und geistigen Fähigkeiten beitragen.

In der Fachliteratur sind viele verschiedene Definitionsversuche der vielschichtigen Fähigkeiten zu finden. Hierbei ist die Anzahl der Einzelfähigkeiten nicht einheitlich angegeben.

Als gebräuchlich und allgemein anerkannt lassen sich fünf grundlegende koordinative Fähigkeiten unterscheiden. Es sind:

Gleichgewichtsfähigkeit:
daß während oder nach Bewegungshandlungen das Gleichgewicht eingehalten oder wieder hergestellt werden kann.

Reaktionsfähigkeit:
daß zweckmäßige situationsangemessene Bewegungshandlungen auf ein Signal hin sofort ausgeführt werden können (wobei das Signal erwartet oder unbekannt sein kann).

Rhythmusfähigkeit:
daß der Wechsel in der Dynamik einer Bewegung erkannt und umgesetzt werden kann; sowohl visuell als auch vor allem akustisch sollen die Bewegungsrhythmen erfaßt werden.

Räumliche Orientierungsfähigkeit:
daß Bewegungen im Verhältnis zu Raum, Zeit und gegebenenfalls auch zum Gerät richtig eingeschätzt werden können.

*Kinästhetische Differenzie-
rungsfähigkeit:*
daß Genauigkeit und Ökonomie
der Bewegungen erzielt werden
kann, die Feinabstimmung von
Einzelbewegungen etwa des
Kopfes, der Hand oder des
Fußes, die Einschätzung von
Körperhaltungen sowie die Mus-
kelspannungsempfindung.

*Dr. Gabriela Falkenberg,
Dozentin an der
Universität Münster*

Literatur

Ayres, A.J.: Bausteine der kindlichen
Enwicklung. Berlin, Heidelberg,
New York, Tokio 1984

Azemar, J.: Motorische Tätigkeit
und kognitive Entwicklung In: Mül-
ler, H.-J. u. a, (Red): Motorik im Vorschulalter Schorndorf 1975, 47-59

Bielefeld, H. (Hrsg.):
Körpererfahrung. Göttingen, Toron-
to, Zürich 1986

Diem, L.: Auf die ersten Lebensjah-
re kommt es an. Stuttgart 1976

Kiphard, E.J.: Mototherapie. Teil I u.
II. Dortmund 1983

Mertens, K.: Körperwahrnehmung
und Körpergeschick. Dortmund
1986

Piaget, J.: Das Erwachen der Intelligenz beim Kinde. Stuttgart 1973, 2.
Aufl.

Vogt, U.: Die Motorik 3-6jähriger
Kinder Schorndorf 1978

Zimmer R.: Motorik und Persönlich-
keitsentwicklung bei Kindern im
Vorschulalter. Schorndorf 1981

Spiele für das Gleichgewicht

Jedem Kind macht das Balancieren
Spaß. Erste Versuche finden auf
Linien, Brettern oder Mauern statt,
oft an der Hand des Erwachsenen.
Hier folgen spielerische Angebote,
das Gleichgewicht zu entwickeln.

Kleine Akrobaten

Zum Balancieren eignen sich ziemlich viele Geräte und Materialien. Sehr einfach ist es, einen Luftballon auf der Hand zu balancieren. Schwieriger wird es, wenn er auf dem Handrücken, dem Arm, den Schultern, der Stirn, dem Kinn, den Knien, dem Fuß, auf einem Finger oder gar auf der Nasenspitze balanciert werden soll.

Als nächstes können verschieden große Bälle, Papprollen, Sandsäckchen, Tannenzapfen, Tücher, Plastikgeschirr balanciert werden. Mit Stäben oder Doppelklöppel wird es noch schwieriger.

Dazu kann noch eine Fortbewegung oder bestimmte Haltung angegeben werden, etwa sich während des Balancierens hinsetzen oder drehen, auf einem Bein stehen oder einem anderen Kind die Hand geben.

Das Spurenland

Der zur Verfügung stehende Raum wird zum „Spurenland". Dazu verwandeln sich seine vorhandenen Linien oder Geräte zu Balanciermöglichkeiten. Bodenmarkierungen oder Linien im Raum, vielleicht auch Spielfeldabgrenzungen, bieten einfache Balancieranregungen. Sollten diese nicht vorhanden sein, sind sie schnell durch Kreidestriche oder Seilchen zu ersetzen. Mit den Seilchen lassen sich nicht nur Linien legen, sondern die Kinder können Phantasiegebilde (Kreise, Achten, Schnecken, Dreiecke usw.) formen und diese zum Balancieren nutzen. Weitere Balanciergeräte wie Reifen, lange Teppichbodenstreifen, zusammengefaltete Wolldecken usw. machen den Spurentanz noch spannender.

In einer Probephase sollte das Balancieren mit geschlossenen Augen unbedingt eingebaut werden. Es mobilisiert alle anderen Sinne in erhöhtem Maße und läßt die Füße bewußter den Untergrund erspüren. Selbst einmal ausprobieren!

Vom Seiltanz

Während des Balancierens können weitere Anreize gegeben werden, die den Spaß und die Ausdauer beim Üben erhöhen. Hierfür einige Beispiele: Auf ein Zeichen nehmen die Kinder bestimmte Positionen ein. Damit wird dann gleichzeitig das statische Gleichgewicht gefördert. Geübtere Kinder können zusätzlich Gegenstände balancieren, etwa einen Stab quer vor den Körper halten wie die „richtigen" Seiltänzer. Sie können auch einen Ball, einen Luftballon, Tennisringe oder andere Gegenstände vor, hinter und neben dem Körper transportieren; schwierig wird es, wenn ein Ball mit beiden Händen über dem Kopf getragen wird oder ein Tischtennisball auf einer Zeitung mit beiden Händen gehalten wird.

Die Bewegungsaufgabe läßt sich auch verändern, indem „Hindernisse" in den Weg gelegt werden. Dies können Bälle sein, die auf Tennisringen liegen, gehaltene Stäbe oder Reifen (waagerecht oder senkrecht gestellt), die zum Übersteigen und darunter Durchkriechen anregen.

Wackellust

Bisher ist das Spielen mit dem Gleichgewicht zwar immer schwieriger geworden, aber die Kinder hatten zumindest noch „festen" Boden unter den Füßen. Dies ist bei den nachstehenden Beispielen nicht mehr der Fall.

Aus der „stabilen Unterstützungsfläche" des Bodens und der Geräte wird nun eine „labile". Hier muß das Kind sein Gleichgewicht ständig neu herstellen. Das kann nur gelingen, wenn die Fuß und Beinmuskulatur, aber auch die Rumpfmuskeln jedes Wackeln schnell ausgleichen. Es ist also neben dem Gespür und Gefühl für das Gleichgewicht auch eine intensive Muskelschulung.

Die Wackelteller oder Therapiekreisel werden häufig in der Haltungserziehung, zur Therapie oder in der Psychomotorik eingesetzt.

Daher kommen auch die Pedalos. Mittlerweile haben sie sich aber als Spielgerät im Kindergarten und in der Grundschule bewährt und sind aus einer abwechslungsreichen Bewegungsschulung nicht mehr wegzudenken. Die Pedalos gibt es in verschiedenen Ausführungen. Pedalos mit nur zwei Rollen und schmalen Stegen sind schwerer zu fahren als solche mit einem Fußbrett und vier Rollen. Dazu gibt es noch Geräte, die mehrere Kinder gleichzeitig befahren können. Falls Sie ein solches Gerät für Ihr eigenes Kind interessiert: Eine Auswahl ist unter anderem in den Katalogen des Therapyshop Deutschland (Lutter) oder K H. Schäfer, Psychomotorische Übungsgeräte (Lemgo) zu finden.

Ideen zum Wackeln

Die Wackelteller werden zuerst mit der flachen Seite auf den Boden gelegt und die Kinder versuchen, auf der runden Seite zu stehen. Danach werden die Kreisel umgedreht, so daß man darauf *sitzen* kann. Wer kann dabei die Füße vom Boden heben? Wer kann dabei sogar die Beine strecken?

Die Kinder *sitzen* im Schneidersitz auf dem Kreisel. Können sie sich dabei langsam drehen?

Auf dem Gerät können sie auch *liegen.* Es geht in der Bauchlage oder Rückenlage. Dabei versuchen sie mit Händen und Füßen zu winken, sich zu drehen oder Schwimmbewegungen zu machen.

Die Kinder *knien* auf dem Wackelteller. Zuerst helfen die Hände noch, das Gleichgewicht zu halten, es geht aber auch ohne Hilfe der Hände.

Die Kinder *stellen* sich auf die Kreisel; zuerst beidbeinig, dann einbeinig, zuletzt probieren sie verschiedene andere Positionen aus.

Aus dem Stand auf den Geräten gehen die Kinder langsam in die Hocke und stehen wieder auf. Mehrere Wackelteller liegen hintereinander. Darüber soll vorsichtig balanciert werden.

Zum Ausprobieren sollten die Kinder erst nur mit den Händen das Pedalo (hier eignen sich die mit den schmalen Stegen) fort-

bewegen. Danach kann im Knien gefahren werden (dazu werden die größeren vierrolligen Pedalos gebraucht).

Das Fahren im Stand sollte am Anfang nur mit Hilfe eines Erwachsenen geübt werden, wenn keine Stützhilfen angebracht sind. Nach einiger Übungszeit reichen Stäbe als Stützhilfe, die in die Hand genommen werden. Ein sehr reizvolles, aber betreuungsintensives Spielgerät!

Ideen zum Rollen

Das *Rollbrett* stellt hohe Anforderungen an das Kind, das Gleichgewicht zu halten. Das Gerät kann sich nach vorn, hinten und zur Seite bewegen und bietet eine kleine Unterstützungsfläche für den Körper. Vor Beginn des Spielens sollte mit den Kindern ein „Parksignal" vereinbart werden. Vielleicht bauen Sie kleine Parkplätze ein, (aus Matten, Hütchen, Seilen), auf denen die Kinder ihre „Autos" (die Rollbretter) parken können. Das kann schon ein erstes Spiel werden: Alle Kinder

fahren durch den Raum und sollen auf Zuruf so schnell wie möglich den Parkplatz anfahren. Je nach Kinder und Rollbrettzahl können Rollbretter und Parkplätze farblich gekennzeichnet werden. Auch das kann in ein Spiel gekleidet werden. Nur die gelben und blauen Rollbretter fahren noch, die anderen parken im Moment.

Das rollende Brett...

Spiele für ein Kind

Fahren in der Bauchlage:

Die Kinder liegen auf dem Rollbrett und schieben sich mit den Armen an. Zuerst probieren sie es mit wechselseitigen Armbewegungen wie beim Kraulen, dann geben die Arme gleichzeitig Schwung.

Fahren in unterschiedlichen Sitzpositionen:

Die folgenden Sitzpositionen können ausprobiert werden; Schneidersitz, Langsitz, Kniesitz, Hocksitz. Auch hierbei kann das Anschieben mit den Armen, wie

oben beschrieben, geschehen oder man nimmt dazu Gummi- stäbe, Papprollen o. ä

Fahren in der Rückenlage:

Dies ist nur mit einem festen Ordnungsrahmen möglich, damit die Kinder sich nicht die Köpfe stoßen können, da man sich dabei rückwärts bewegt.

Fahren in unterschiedlichen Positionen:

Dabei balancieren und transpor- tieren die Kinder verschiedene Gegenstände auf dem Rollbrett oder auf dem Körper (Hütchen, Tennisringe auf dem Kopf, Tücher und Papprollen auf dem Rücken...)

Die Kinder liegen in Bauch- oder Rückenlage auf den Rollbrettern und schieben sich mit den Hän- den so an, daß sie sich wie ein Karussell drehen können.
Alle Kinder stehen an einer vor- her festgelegten Position. Es kann eine Raumlinie oder ein anderer markierter Platz sein. Auf ein Signal fahren sie zu einem bestimmten Ort (Raumecken, Fenster, Tür). Als Variation kann die Lage auf dem Rollbrett vorgegeben sein (Schneidersitz, Kniestand...).

Die Kinder fahren in der Bauch- lage und rollen zusätzlich noch einen Ball oder eine Papprolle vor sich her.

Wenn zusätzlich Pedalos zur Verfügung stehen, können die Kinder diese zur Fortbewegung nutzen. Sie liegen oder knien auf ihrem Rollbrett und fahren mit den Händen Pedalo.

Es wird eine Fahrstraße mit Hindernissen gebaut. Als Hindernisse können Stühle, Tische oder Kisten dienen, die umfahren werden sollen. Die Kinder verlangsamen die Geschwindigkeit und üben das Steuern. Aus Kästen, über die Latten gelegt werden, lassen sich tolle Tunnel bauen, die gerne durchfahren werden.

Aus Stöcken wird eine Gasse von ca. 50 cm Breite gelegt. Dazwischen sollen die Kinder mit ihren Rollbrettern fahren. Sie können dazu in verschiedenen Positionen auf ihren Rollbrettern sitzen und halten jeweils einen Stab vor sich, mit dem sie sich vom Boden abstoßen können. Als Bewegungshilfe kann dies mit dem Paddeln beim Kanu- oder Kajakfahren verglichen werden.

Wichtige Hinweise

Keine offenen Kleidungsstücke tragen, die unter das Rollbrett geraten können; auch die Haare zusammenbinden.

Die Hände gehören auf das Brett oder zum Anschieben seitlich daneben.

Niemals stehen oder abspringen!

Gemeinsam geht's besser

Fahren in der Bauchlage: Die Kinder liegen auf dem Rollbrett und schieben sich mit den Armen an. Zuerst probieren sie es mit wechselseitigen Armbewegungen wie beim Kraulen, dann geben die Arme gleichzeitig Schwung.
Dieses Spiel ist auch sehr gut geeignet, wenn vorher die Hindernisfahrstraße gebaut wurde. Dann durchfährt ein Kind den Parcours auf eine bestimmte Art und Weise, ein anderes muß ihm genauso folgen.

Spiele für zwei Kinder

Ein Kind sitzt im Schneidersitz und wird von dem anderen an den Schultern oder am Rücken geschoben oder an den Armen gezogen.
Zwei Kinder liegen bäuchlings auf einem Brett (quer, damit es breiter ist) und stoßen sich mit den Händen ab.
Ein Kind sitzt im Schneidersitz. Das andere schiebt oder zieht. Diesmal wird ein Seil, vom sitzenden Kind gehalten, zu Hilfe genommen.
Achtung: Den Kasten oder das Seil nie loslassen!

Das Kind im Kasten kann die Steuerrichtung angeben oder während der Fahrt die Augen schließen.
Der oben beschriebene Parcours kann genutzt werden, um Hindernisse zu umfahren.

Ochs am Berg

Hier wieder ein Spiel für mehrere Kinder, wobei jedoch mehrere Rollbretter vorhanden sein müssen.
Ein Kind steht an einer Raumseite mit dem Gesicht zur Wand. Die anderen Kinder stehen mit ihren Rollbrettern an der gegenüberliegenden Seite. Bei dem Spruch „1, 2, 3, Ochs am Berg!" dürfen sie auf das Kind zufahren, müssen aber am Ende des Satzes stillstehen, da sich das Kind blitzschnell umgedreht hat. Wird ein Rollbrettkind bei einer Bewegung ertappt, muß es an der Startlinie neu beginnen.

Das Kind, das zuerst am Ziel ist, wird neuer „Ochse".

Es geht auch paarweise: Ein Kind auf dem Rollbrett wird von einem zweiten geschoben, dafür gibt es dann auch zwei wachsame Ochsen. Alle weiteren bekannten Kinderspiele wie „Plumpsack", „Fischer, wie tief ist das Wasser?" und „Wer fürchtet sich vorm schwarzen Mann?" können so abgewandelt werden.

Heiße Reifen

Ein schönes Bewegungsspiel, wenn mehrere Kinder mitspielen und genügend Reifen (Hoola Hoop) zur Verfügung stehen. Spielen Sie draußen oder auf einer größeren freien Fläche. Die Reifen liegen auf dem Boden. Die Kinder laufen zu einer Musik oder anderen Begleitung durch den Raum, um die Reifen herum, ohne sie zu berühren. Stoppt die Musik, sucht sich jedes Kind seinen Reifen („Häuschen") und setzt sich hinein, läuft herum, hüpft hinein und hinaus. Acht Reifen liegen hintereinander. Zwischen ihnen

ist ein Abstand von ca. 30-50 cm. Die Kinder laufen „Slalom" um die Reifen herum. Sie springen in die Reifen: Schlußsprünge, Hasenhüpfer, vorwärts hinein, rückwärts hinaus. Die Reifen werden zu einem großen Kreis gelegt. Die Kinder laufen um den Kreis (kriechen, hüpfen); auf ein Zeichen erfolgt ein Richtungswechsel.

Paarweise: Ein Kind im Reifen (etwa vor dem Bauch festhalten) wird von

Ein Spiel zur Raumorientierung

einem anderen (hält den Reifen außen) geführt (Auto oder Pferd und Reiter). Es müssen bestimmte Raumwege eingehalten werden. Auf ein Signal „parken" alle (setzen sich hin), es erfolgt der Partnertausch. Es können auch Fortbewegungsarten angegeben werden. Wichtig ist, daß die Autos oder Gespanne andere nicht behindern oder anstoßen dürfen!

Die Aufgabe wird schwierig, wenn sich beide Kinder in den Reifen stellen, da dann die Anpassung wesentlich besser funktionieren muß.

Spiele mit Rhythmus

Bewegung hat viel mit Gefühl zu tun.
Der Körper nimmt Geräusche wie
Musik auf und setzt sie in
Rhythmus um. Die Abfolge von
Tönen und ihre Länge zu erkennen
und in Bewegung umzuformen,
dazu dienen die folgenden Übungen.

Woher kommt's?

Die Kinder, es sollten nicht mehr als vier sein, sitzen verteilt im Raum und haben die Augen geschlossen. An einem Punkt des Raumes erklingt ein Instrument oder Geräusch. Die Kinder sollen mit der Hand in die Richtung zeigen, wo sie den Klang vermuten. Sie können sich in diese Richtung bewegen oder das Instrument erraten.

Die Ausgangssituation bleibt. Jetzt geht der Erwachsene durch den Raum und tippt zwei Kinder an, die mit ihm durch den Raum gehen. Auf sein Zeichen setzen sich die Kinder wieder auf ihre Plätze. Die anderen Kinder sollen erraten, wieviele durch den Raum marschiert sind.

Nun geht der Erwachsene eine bestimmte Wegstrecke und die Kinder sollen den Weg beschreiben (selbst nachgehen). Der Erwachsene verändert seine Bewegungsart (vom Gehen zum Laufen, Hüpfen o. ä.), die Kinder sollen es erraten. Der Erwachsene klatscht oder hüpft einen kleinen Ablauf, die Kinder klatschen, hüpfen ihn nach.

Die Bewegungsarten (Gehen, Laufen, Hüpfen, Galoppieren) können auch mit der Handtrommel (oder einem anderen Rhythmusinstrument) begleitet werden. Jetzt versuchen die Kinder zuerst, den Ablauf zu klatschen und bewegen sich dann dazu.

Alle Kinder gehen durch den Raum und bleiben auf ein Signal hin stehen. Ein Kind wird angesprochen und beginnt wieder zu gehen. Die anderen klatschen den Rhythmus dazu. Das erste Kind tippt ein zweites an und so geht es weiter, bis alle Kinder wieder in Bewegung sind. Ein klingendes Instrument wird angeschlagen. Die Kinder dürfen sich solange bewegen, bis das Instrument verklungen ist, dann muß alles ganz mucksmäuschenstill sein.

Klopfmorsen

Die Mitspieler sitzen im Kreis (oder hintereinander) mit geschlossenen Augen. Ein Kind beginnt und klopft dem Nachbarn einen kurzen Rhythmus auf die Hand oder auf den Rücken, dieses gibt ihn weiter, bis der Ablauf wieder beim ersten Kind angekommen ist. Was da so alles rauskommt!

Namenklatschen

Die Vornamen der Mitspieler werden in Silben zerlegt. Jede Silbe wird so zu einem Klatschen der Hand oder zu einer Bewegung.
Für „Anne" kann also zweimal kurz geklatscht, zwei kleine Schritte oder Armbewegungen gemacht werden. Die Namen werden beim Klatschen und Bewegen immer mitgesprochen. Es läßt sich leicht merken: lange Silben – große Schritte oder Bewegungen; kurze Silben – kleine Schritte.

Taktball

Spielen Sie mit den Kindern draußen. Die Mitspieler lassen einen Ball aufprellen und begleiten jedes Prellen mit den Augen, durch Klatschen oder/und mit dem Körper (Hüpfen, Springen). Jetzt prellt jedes Kind seinen Ball und versucht dabei, sich mit ihm gleich zu bewegen. Beim Prellen kann ein gemeinsamer Ablauf gefunden werden, z.B. zweimal tief prellen, einmal hoch und fest oder gleichmäßig zweimal hoch, zweimal tief o. ä. Es wird ein fester Takt vorgegeben. Bei jedem Taktschwerpunkt wird der Ball angetippt, so daß er langsam vorwärtsrollt.

Reifensignal

Jedes der mitspielenden Kinder hat einen Reifen. Es dreht den Reifen an und darf sich solange bewegen, bis sein Reifen am Boden liegt. Alle Kinder drehen ihre Reifen gleichzeitig an und dürfen sich nun solange bewegen, bis der letzte Reifen am Boden liegt. Alle Reifen werden

angedreht und die Kinder versuchen gemeinsam, den Reifen
immer wieder Schwung zu
geben, so daß kein Reifen am
Boden liegt. Auf ein Signal des
Erwachsenen setzen sie sich
blitzschnell hin, schließen die
Augen und hören zu, bis auch
der letzte Reifen zur Ruhe
gekommen ist.

Seilrhythmik

Aus Seilen wird ein Rhythmus
gelegt: Ein enger Abstand
bedeutet kleine, federnde Schritte, weite Abstände meinen flache weite Schritte. (Versuchen
Sie doch mal mit Ihren Kindern,
„Hänschen klein" zu gehen). Ein
großes Schwungseil wird in
Bewegung gesetzt. Die Kinder
stehen vor dem schwingenden
Seil und sprechen mit, immer
wenn das Seil den Boden
berührt (etwa jetzt, jetzt, o. ä.).
Danach werden weitere Aufgaben gestellt: Bei dem Signal
„Jetzt!" starten und unter dem
schwingenden Seil hindurchlau-
fen.

Zuerst sollten es die Kinder einzeln versuchen, dann paarweise,
Es geht auch zu mehreren.
Dabei laufen die Kinder nacheinander los. Zu Anfang ist immer
ein Seildurchschlag dazwischen.
Ganz toll – aber auch sehr
schwer – ist es, wenn bei jedem
Seilschwung ein Kind durchlaufen kann.

Spiele zur Reaktionsfähigkeit

Agieren und Reagieren sind
Fähigkeiten, die Körper und Geist
gleichermaßen fordern.
Hier werden Übungen dazu mit
einfachen Materialien vorgestellt,
zunächst mit Zeitungspapier,
dann mit Reifen.

Zeitungsschirm

Jedes Kind erhält ein zusammen-gefaltetes Blatt Zeitung. Sie soll auf Kopf, Schulter, Hand, Rücken, Knie usw. balanciert werden. Die Kinder können sich im Stand, in der Hocke und über Hindernisse (Stühle, Hocker, kleine Kästen) bewegen. Dies kann gut in eine Geschichte ein-gewoben werden: Die Zeitung wird an einem Kiosk gekauft. Auf dem Nachhauseweg beginnt es zu regnen. Zum Schutz vor dem Regen balancieren die Kin-der ihre Zeitung auf dem Kopf, tragen sie über dem Arm wie einen Schirm, auf der Schulter wie ein dickes Paket – na, da kann ja noch viel passieren...

Vorsicht, Blatt

Die Zeitungsblätter liegen am Boden. Die Kinder laufen um die Zeitungen herum (hüpfen, sprin-gen, gehen vorwärts und rück-wärts, ohne daß die Zeitung berührt wird, da sie sonst leicht wegrutschen kann). Auf Zuruf sollen sie sich auf ihre Zeitung setzen oder einen Fuß darauf stellen und mit dem anderen „Rollerfahren".
Die Zeitungen bleiben am Boden. Die Kinder laufen durch den Raum. Es wird eine Zahl gerufen. Die Kinder sollen sich dann, der Zahl entsprechend, schnell um eine Zeitung stellen. Auf den Zeitungen darf nur leise auf Zehenspitzen gegangen wer-den, außen kann kräftig mit den Füßen aufgestampft werden.

Falterspiele

Jedes Kind stellt sich auf seine Zeitung, die es immer kleiner fal-tet, so daß es hinterher nur noch auf einer Fußspitze steht. Dieses Spiel kann auch zu zweit oder in Gruppen durchgeführt werden: *Wie klein kann die Zeitung gefaltet werden oder wieviele Kinder passen auf ein Zeitungs-blatt?*

Jedes Kind hält die Zeitung zuerst mit einer Hand und dann mit beiden Händen fest und läuft damit so schnell durch den Raum, daß sie flattert. Sie kann neben oder vor dem Körper und überkopf gehalten werden (die Laufrichtungen festlegen, um Zusammenstöße zu vermeiden). Die Zeitung kann auch an ein Körperteil gelegt (vor den Bauch) und so ohne Festhalten transportiert werden. Das gelingt aber nur, wenn man ganz schnell läuft.

Die Zeitung wird zwischen die Beine geklemmt und darf beim Gehen (Laufen) nicht fallen. Paarweise klemmen die Kinder ein Zeitungsblatt zwischen Rücken, Bäuche, Arme, Ohren, Stirn usw und bewegen sich vorsichtig durch den Raum.

Jedes Kind steht auf seinem Blatt und versucht, sich rutschend fortzubewegen, ohne daß die Zeitung reißt. Ein Kind steht auf einem Blatt, legt ein zweites vor sich hin und steigt darauf. Nun legt es das erste wieder nach vorne und so fort. Beide Spiele können auch als Wettbewerb probiert werden.

Jedes Kind sitzt auf seiner Zeitung und versucht, durch das

Anschieben mit den Händen Karussell zu fahren; es geht auch bäuchlings.

Jetzt liegen nur die Hände auf der Zeitung, die Füße schieben, so daß die Kinder auf allen Vieren im Raum herumrutschen.

Handzeit, Fußzeit

In der Bauchlage die Zeitung anheben und laut „lesen" oder die Zeitung auf- und zuklappen. Im Sitzen wird die Zeitung mit den Füßen hochgehalten. Nun soll sie nur mit den Füßen zu Streifen verarbeitet werden, die dann auch nur mit den Füßen zu einem Ziel transportiert werden. *(Wenn die Spielzeit vorüber ist, sollte das Ziel der Papierkorb sein!)*
Zu den letzten beiden Spielen können die Hände zu Hilfe genommen werden, wenn die Fußmuskulatur noch zu schwach ausgeprägt ist.
Im Sitzen wird die Zeitung mit den Füßen zum nächsten Kind weitergegeben. Jedes Kind knüllt die Zeitung mit den Füßen (oder

Händen oder beidem) zu einem Ball. Damit können alle Ballspiele geübt werden, Rollen, Werfen, jedes Kind für sich oder paarweise. Der Zeitungsball kann auch mit verschiedenen Körperteilen vorwärtsbewegt werden (mit dem Knie angerollt, mit dem Ellbogen gestoppt und so fort).

Zwerge und Riesen

Die Riesen (zwei Erwachsene) haben jeweils einen kleinen Kasten umgedreht (Höhle) in den die Zwerge (zwei Kinder) immer wieder Schneebälle (Zeitungsbälle) werfen. Die Riesen wollen das natürlich nicht und werfen die Bälle immer wieder raus.

Schlafzeit

Die Zeitungsblätter liegen am Boden. Solange die Musik spielt, dürfen sich die Kinder bewegen, ohne die Zeitungen zu berühren. Beim Musikstopp laufen sie zu einem Blatt und decken sich damit zu und „schlafen" solange, bis die Musik wieder zu hören ist.

Für die folgenden Spiele werden Reifen benötigt. Dazu bringen die Kinder „Hoola-Hoop-Reifen" mit. Oder Sie leihen Holzreifen von einem Kindergarten oder einer Turnhalle aus.

Fang mich

Es gibt ein großes, aber begrenztes Spielfeld. Einer beginnt als Fänger. Er nimmt einen Reifen und versucht, diesen jemandem überzustülpen. Wer so im Reifen gefangen ist, nimmt ihn in die Hand und fängt weiter. Der Spielleiter gibt nun immer mehr Reifen in das Feld, indem er hin und wieder einem Vorbeilaufenden einen Reifen über den Kopf stülpt. Wenn im Spiel halb soviel Reifen wie Spieler sind, nimmt er die Reifen nach und nach wieder aus dem Feld.

Grimassen

Alle haben sich in einen Innenkreis und einen Außenkreis gleichmäßig aufgeteilt und schauen sich, einander gegenüberstehend, an. Die Spieler im Innenkreis halten sich einen Reifen so vor das Gesicht, als ob es ein Spiegel wäre. Jeder Spieler im Außenkreis läuft nun von Spiegel zu Spiegel und macht die wildesten Grimassen und Bewegungen, die sein Gegenüber nun versucht, spiegelverkehrt nachzuahmen. Wenn jemandem im Innenkreis die Hände vom Reifenhalten schwer werden, drückt er einfach seinem Gegenüber den Reifen in die Hand und stellt sich selbst in den Außenkreis. So kommt jeder in den Genuß, die Grimassen vorgeben zu können.

Würzen

Drei Spieler stehen in zwei Reifen, so daß ein Spieler in der „Überschneidung" oder „Schnittmenge" steht. Der Spieler in der Mitte ist der Träger des Gewürzes (Grasbüschel, Karotte, Bierdeckel, Stein...). Das Gewürz steht noch im Garten und muß zum Koch in den Topf transportiert werden. Ziel ist es, möglichst schnell viele Gewürze in den Suppentopf zu werfen. Wenn dabei Hindernisse überwunden werden müssen, wird das Ganze noch spannender. Interessant wird es auch, wenn es einen Engpaß gibt, in dem zwei sich begegnende Transportgruppen nicht aneinander vorbei können, sondern eine Gruppe ausweichen muß.

Wannewonnen

Immer vier Spieler stehen in einem Reifen und halten diesen mit einer Hand fest. Sie haben pro Reifen einen Eimer mit Tennisbällen neben sich. Diesem Eimer gegenüber in einigem Abstand steht eine leere Wanne. Die vier Spieler drehen sich nun im Kreis, und jeder nimmt aus dem vollen Eimer einen Ball heraus und wirft ihn während des Drehens in die Wanne. Dabei sollen möglichst viele Bälle ihr Ziel erreichen. Wenn eine Vierergruppe keine Bälle mehr in

ihrem Eimer hat, ruft sie „Stop!" und die Bälle in der Wanne werden gezählt.

Schlängeln

Alle Spieler haben einen Reifen, den sie mit dem Vordermann teilen, und einen Reifen, den sie mit dem Hintermann teilen. So steht jeder Spieler in einer „Schnittmenge". Alle Spieler schließen die Augen, bis auf den Ersten. Dieser führt alle barfuß an und versucht dabei häufig den Untergrund zu wechseln. Dazu erzählt er eine Geschichte, die im Urwald spielt, vielleicht von einer Schlange bei ihrer morgendlichen Nahrungssuche. Ein Beispiel: Zuerst schläft die Schlange eingerollt und beginnt langsam sich zu strecken. Sie hat ihr Nest in einer weichen Moosmulde und das Moos streichelt ihr sanft den Bauch. Vorsichtig klettert sie über einen Stein, der ihr Nest schützt. Sie kriecht langsam weiter über das Steppengras zum Ufer hin, da sie großen Durst hat. Das Ufer besteht aus feinem, warmen Sand und es dauert nur kurze Zeit, bis sie im kühlen Wasser ist. Der Durst ist schnell gelöscht, doch da fällt der Schatten eines Raubvogels auf sie. Die Schlange erstarrt, die kleinste Bewegung ist nicht mehr wahrzunehmen. Nach einer Weile verschwindet der Schatten wieder und sie kann weiter kriechen... Dieses Spiel gibt durch den Reifen das Gefühl von Sicherheit, so daß sich das auch Spieler zutrauen können, die sonst Angst haben, blind zu laufen. Wenn die Möglichkeit besteht, kann durch eine entsprechende Musik die Atmosphäre noch unterstrichen werden.

Ausgereift

Die Spieler stehen nebeneinander in zwei gleich großen Reihen. Jeder Spieler hat seinen Reifen auf der linken Seite neben sich stehen und hält ihn mit einer Hand fest. Auf ein Startzeichen vom Spielleiter kriecht nun der letzte Spieler durch die Reifen nach vorn. Vorher gibt er seinen Reifen an den Vordermann weiter. So wird der Reifen über die Köpfe nach vorne gegeben

und der Startspieler kann sich mit seinem Reifen wieder in die Reihe stellen. Wenn er seinen Reifen wieder in der Hand hält, ruft er schnell „Los!" und der nächste Spieler vom anderen Ende der Reihe kriecht durch die Reifen. Wenn der erste Spieler wieder am Ende steht, ist die Staffel beendet.

Stapel stülpen

Alle Reifen liegen aufeinander gestapelt neben dem letzten Spieler in der Reihe. Dieser beginnt, indem er den ersten Reifen über seinen Kopf stülpt und mit den Füßen wieder aus dem Reifen steigt. Der nächste Spieler steigt mit den Füßen in den Reifen und bewegt ihn nach oben über den Kopf hinaus. So durchlaufen alle Reifen die Reihe, bis sie vor dem ersten Spieler liegen.

Schneefrei

Alle Spieler stehen vor ihrem Reifen und bilden einen großen Kreis. Die Reifen liegen jeweils zwei Meter voneinander entfernt. In jedem Reifen liegen 15 Bierdeckel, die Schneeflocken. Nun sollen alle Spieler versuchen, ihre Reifen schneefrei zu halten. Das bedeutet, es darf sich nicht eine Flocke darin aufhalten. Auf ein Startzeichen werfen alle ihre Schneeflocken auf die Sitzplätze der anderen. Um den eigenen Platz schneefrei zu bekommen, bedarf es einiger Anstrengung. Das Spiel ist zu Ende, wenn den Spielern die Puste ausgeht.

Immer weniger

Jeder Spieler hat einen Reifen, in dem er sich (wenn möglich zu Musik) bewegt. Der Spielleiter hat die Reifen numeriert oder mit Symbolen belegt. Von Zeit zu Zeit ruft er eine Nummer oder ein Symbol. Der Reifen mit dieser Nummer wird aus dem Spiel genommen. Der Spieler, dem dieser Reifen gehört hat, muß sich jemanden suchen, in dessen Reifen er weiter mittanzen darf. Nach und nach werden es immer weniger Reifen. Schaffen es die Kinder, sich

zusammen in drei, zwei oder sogar einem Reifen aufzuhalten?

Rollreifen

An zwei gegenüberliegenden Enden des Spielfeldes wird durch Jacken, Steine oder ähnliches jeweils ein Tor markiert. Die Spieler teilen sich in zwei gleich große Gruppen. Nun kann das Spiel folgendermaßen gespielt werden: Der Reifen soll von der einen Mannschaft so oft wie möglich in das gegnerische Tor gebracht werden. Dabei muß er sich rollend über das Spielfeld bewegen und darf von niemanden mit der Hand festgehalten werden. Die gegnerische Mannschaft darf die anderen Spieler behindern, den Reifen jedoch nicht anfassen. Fällt der Reifen hin, bekommt ihn die andere Gruppe.
Eine andere Möglichkeit: Jeder Spieler hält einen Reifen in beiden Händen. Es gibt einen Ball, der möglichst häufig in das gegnerische Tor geschossen werden soll. Der Ball darf im ganzen Spiel nur mit dem Reifen berührt werden. Einen Torwart gibt es

nicht. Die Spieler, die sich in der Nähe des Tores aufhalten, müssen verhindern, daß der Ball ins Tor rollt. Grundsätzlich ist gegenseitiges Festhalten der Reifen nicht erlaubt.

Mauselöcher

Immer zwei Mäuse wohnen in einem Reifen, der als Mauseloch fungiert. Eine Maus ist übrig. Sie hat kein Loch, darf aber bei den anderen Mäusen mit wohnen. Draußen rennt eine Katze herum und versucht, diese Maus zu fangen. Kann die Maus nicht mehr, springt sie in einen Reifen und klopft einer der beiden Mäuse auf die Schulter. Diese Maus rennt aus dem Reifen heraus und muß nun versuchen, sich nicht von der Katze fangen zu lassen. Wer erwischt wird, spielt selbst die Katze.

Bereift

Zwei Spieler stehen in einigem Abstand zueinander in Reifen und werfen sich einen Ball zu. Beim Fangen darf der eigene Reifen nicht verlassen werden.

Ein Dritter steht in der Mitte und versucht, den Ball abzufangen. Hat er es geschafft, wechselt er die Position mit dem Werfer des Balles. Eine andere Möglichkeit besteht darin, den Ball bewußt durch viele hochgehaltene Reifen zu werfen.

Passage

Je zwei Stöcke werden, in verschieden großem Abstand zu den Spielern, in die Erde gesteckt. Nun versuchen die Spieler nacheinander ihre Reifen so zu rollen, daß sie ihren Weg zwischen den Stöcken hindurch finden. Anstelle der Stöcke können auch große Steine oder Schuhschachteln genommen werden. Soll es noch ein wenig einfacher sein? Das funktioniert dann so: In Reifen, die in unterschiedlicher Entfernung liegen, werden Bälle oder Steine gerollt.

Rollreif

Alle Spieler kennzeichnen mit einem bunten Band ihren Reifen. Nun stehen alle an einer Seite der Wiese oder des großen Platzes. Alle rollen ihren Reifen nun nacheinander möglichst weit in die Ferne. Wessen Reifen am weitesten weg liegt, der hat gewonnen. Oder jedes Kind darf von dort, wo sich der Reifen hingelegt hat, weiter rollen, vielleicht insgesamt fünfmal.

An der Wand

Die Spieler stehen im Abstand von etwa fünf Metern (bei einiger Übung auch weiter) vor einer Wand. Die Reifen werden nun nacheinander an die Wand gerollt. Jeder Spieler versucht seinen Reifen so zu rollen, daß er möglichst nahe an der Wand liegen bleibt. Eine andere Möglichkeit besteht darin, daß ein Reifen besonders gekennzeichnet ist. Dieser Reifen muß auch aus einiger Entfernung erkennbar sein. Ein Spieler wirft diesen Reifen, so weit er kann, ins Feld. Die anderen rollen nacheinander ihren Reifen und versuchen dabei, so nahe wie möglich an den zuerst geworfenen Reifen zu kommen. Übereinander liegende Reifen werden auch gewertet.

Hupfhansel

Im Kreis liegen drei Reifen nebeneinander, in denen sich ein Spieler bewegt. Die anderen stehen in einem größeren Kreis um die Reifen herum. Der Spieler in der Mitte darf sich nur in den Reifen aufhalten. Die Spieler im Kreis versuchen einen Softball in denselben Reifen zu rollen, in dem sich der Spieler gerade aufhält. Dieser versucht durch Hüpfen dem Ball zu entkommen. Berührt der Ball im selben Moment wie der Spieler den Reifen, so darf der Werfer aus dem Kreis in die Mitte gehen und mit dem Spieler die Plätze tauschen.

Bewegung im Raum

Eine kleine Sammlung
bewegter Spielereien,
mit denen Kindern viel
Freude gemacht werden kann.

Spüren und Berühren

Ohne visuelle Hilfe werden Gegenstände ertastet. Sie sollten zu Anfang mit beiden Händen erspürt werden. Dann kann es auch mit den Füßen versucht werden.

Die Füße erspüren verschiedene Untergründe: Seile, Reifen, Matten, Weichböden (hieraus kann ein ganzer Parcours zusammengestellt werden). Draußen können die Unterschiede zwischen Gras, Sand, Steinböden ertastet werden, kalte und warme, naße und trockene Erfahrungen können gemacht werden.

Es werden viele unterschiedliche Materialien zusammengetragen (Watte, verschiedene Textilien, Schwämme, Bürsten, Sandpapier, Bälle, Luftballons u. ä.).

Das Kind wird damit berührt. Es soll angenehme und unangenehme Materialien unterscheiden, die Körperteile, die berührt werden, zuordnen und sich damit streicheln (lassen). Hierbei ist es ganz wichtig, die Reaktion des Kindes im Auge zu behalten, einige wehren sich gegen eine solche Berührung. Diese sollten besonders behutsam mit solchen Spielen vertraut gemacht werden. Die Möglichkeit, sich zu entspannen, birgt so viele positive Erfahrungen in sich, daß die Widerstände gegen Berührung überwunden werden sollten. Sträubt sich ein Kind jedoch energisch, dann sollte man keinen Druck ausüben.

Zeichensprache

Zahlen, Buchstaben oder einfache Figuren werden mit den Fingern oder dicken Stäben auf unterschiedliche Körperteile der Mitspieler gemalt. Sie sollen die „Zeichensprache" erraten. Dazu werden die Zeichen „weitergegeben", bis sie bei dem ersten Spieler wieder angekommen sind.

Die Mitspieler reiben verschiedene Körperteile aneinander. Das kann einzeln oder paarweise ausprobiert werden. Einige Anregungen für sich berührende

Körperteile sind: „Rücken an Rücken", „Fuß an Fuß", „Hand und Fuß", „Nase und Knie". Den Mitspielern fallen bestimmt noch viele lustige Möglichkeiten ein.

Bälle, Papprollen oder andere geeignete Materialien werden langsam über Arme, Beine oder andere Körperteile gerollt.

Die Mitspieler sollen sagen, wo sich der Gegenstand gerade befindet. Damit läßt sich auch gut eine Entspannungsphase beginnen.

Tag, Nase!

Die Mitspieler nennen nacheinander verschiedene Körperteile, mit denen sie sich gegenseitig begrüßen wollen. Sie laufen im Raum herum und nehmen auf Zuruf verschiedene Positionen ein (z. B. Bauch- oder Rückenlage, Sitz, Einbeinstand). Mit verschiedenen Körperteilen sollen sie den Boden berühren, etwa Finger, Ellbogen, Knie, Nase, Ohr und so fort. Auf Zuruf können sich die Mitspieler auch

behutsam untereinander berühren.

Die Körperteile können auch einen Ball oder Luftballon antippen. Jedes Kind hat einen Luftballon und tickt ihn mit unterschiedlichen Körperteilen in die Luft. Es kann ihn einmal mit einem Körperteil oberhalb des Bauchnabels, einmal mit einem unterhalb des Bauchnabels in der Luft halten.

Umrisse

Ein Kind legt sich in eine bestimmte Position auf den Boden. Mit Seilchen wird dieser Körperumriß nachgelegt. Das Kind steht auf und versucht, dieses Körperschema noch einmal daneben mit seinem Körper einzunehmen. Das Körperbild kann auch erfahren werden, indem man einen Ball oder ein anderes Gerät langsam um den Körper des Kindes führt.

Spieglein, Spieglein

Diesmal schauen wir nicht in den Spiegel und lassen uns sagen, wer der oder die Schönste im ganzen Land ist. (Wissen wir ja sowieso!) Die beiden Teile eines Paars stehen, einander zugewandt, im Abstand von einem halben Meter beieinander. Der eine Partner dreht sich um und der andere verändert etwas an seiner Position. Dies muß der erste, nachdem er sich wieder umgedreht hat, herausfinden und nachahmen.

Einer formt aus dem anderen – schön locker lassen – ein „Standbild". Dann versucht er, das Spiegelbild dieses Standbildes einzunehmen.
Bei älteren Kindern kann dies mit verbundenen Augen versucht werden.
Dann tastet der eine den anderen ab und versucht danach, die gleiche Stellung einzunehmen.

Rollmöpse

Rollende Geräte (Bälle, Reifen, Rollen) werden unterschiedlich angetippt, so daß sie schnell oder langsam rollen, an einer bestimmten Stelle liegenbleiben, eine Linie überrollen und so fort. Die Geräte werden angerollt und das Kind läuft nebenher, so lange, bis das Gerät ruhig liegt. Dann setzt sich das Kind ebenfalls ganz ruhig daneben.

Die Bewegungsmöglichkeiten von verschiedenen Körperteilen werden ausprobiert, sie können sich beugen, strecken, drehen...

Die Kinder sollen sich aus der Rückenlage in die Bauch- oder Seitenlage rollen, ohne die Hände zu benutzen, nur durch Körperspannung.
Sie können so auch mehrmals ohne Unterbrechung um die eigene Achse rollen.

Robot

Der Roboter kann nur vorwärts gehen und nur Vierteldrehungen machen. Er läßt sich bewegen, indem auf seine rechte (Rechtsvierteldrehung) oder auf die linke Schulter (Linksvierteldrehung) getippt wird. Ob er so einen bestimmten Punkt erreicht? Ältere Kinder haben die Aufgabe, zwei Roboter, die Rücken an Rücken stehen, so zu führen, daß sie sich gegenüberstehen. Das ist schon sehr schwer und nicht für unsere Kleinsten gedacht!

Ein Spieler hat an Armen und Beinen unsichtbare Fäden, ist zur Marionette geworden. Sie ist zu Anfang schlaff und entspannt. Von einem anderen wird sie ganz langsam gespannt, bewegt und geführt. Nach kurzer Zeit wird die Marionette wieder hingelegt, ganz vorsichtig!

Ganz behutsam!

Wir führen uns durch den Raum.
Du schließt die Augen und wirst von mir ganz behutsam geführt.

Wir halten uns an beiden Armen, an einem Arm, an der Hand oder nur an den Fingerspitzen fest. Wir können auch einen Ball oder eine Papprolle zwischen uns halten und uns damit führen. Man muß sehr behutsam miteinander umgehen! So können verschiedene Untergründe erfahren und Hindernisse überwunden werden.

Marco liegt auf dem Rücken und spannt sich an (macht sich ganz steif). Mutti hockt sich vor Marco und versucht, dessen Beine ein Stückchen vom Boden zu heben. Ob er gerade wie ein Brett bleiben kann?

Mama und Papa stehen sich gegenüber, dazwischen stellt sich die Tochter und macht sich ganz steif. Sie neigt sich nach vorn oder hinten und wird von den Eltern an den Schultern jeweils aufgefangen und zurückbegleitet. Das Gleiche kann mit mehreren Mitspielern im Kreis durchgeführt werden. Dazu bilden alle einen ganz engen Kreis (Schulter an Schulter). Ein Kind in der Mitte wird vorsichtig mit den Händen in die verschiedenen Richtungen gereicht.

Spannen

Wir liegen auf dem Rücken. Einer von uns nennt einzelne Körperteile, die ganz fest angespannt und nach einer Zeit wieder entspannt werden (ca. 5-10 Sekunden anhalten).
Dann decken wir uns mit Zeitungen zu. Es wird jeweils ein Zeitungsblatt angehoben. Jeder soll die freiliegenden Körperteile benennen. Wenn ausreichend Bierdeckel vorhanden sind, können diese genutzt werden, die Aufgabe wird so länger und schwieriger. Der Prozeß des Zudeckens bewirkt bei vielen Kindern schon eine Entspannung.

Schlangenmenschen

Jetzt können die Kinder ihr Geschick als „Schlangenmenschen" beweisen. Ein Kind kniet und bildet mit dem Körper eine Bank. Ein anderes Kind steigt über diese Bank und krabbelt unter ihr hindurch zurück. Jeweils zwei Kinder halten sich an den Händen und sollen sich unter den gefaßten Händen drehen, danach in die Öffnung zwischen den Armen und wieder heraus steigen, ohne die Hände loszulassen.

Ballfreuden

Kleine Tischtennisbälle werden von den Kindern weggepustet. Sie sollen schnell hinterher rennen und die Bälle aufnehmen. Die Bälle werden um verschiedene Hindernisse herumgerollt oder gepustet. Die Kinder rollen die Bälle um ihren Körper und dürfen sie dabei nicht fallen lassen.

Die Bälle werden auf der Hand balanciert. Dabei bewegen sich die Kinder, setzen sich hin, stehen wieder auf, hüpfen und so fort. Sie werfen die Tischtennisbälle von einer Hand in die andere.

Im Kreis oder einer kleinen Reihe werden die Bälle schnell weitergegeben:
vor dem Körper
hinter dem Rücken

*durch die gegrätschten Beine
nur mit einer Hand...*

Es können auch zwei Bälle
benutzt werden, die sich nicht
treffen dürfen.

*Die Spiele können auch mit
Tennisbällen versucht werden*

Spielspaß mit vier Beinen

Die Stühle stehen im Raum verteilt. Die Mitspieler laufen, hüpfen oder gehen um die Stühle
herum. Auf ein Signal (hier eig-
net sich wieder die Handtrommel zur Begleitung und als Signal) soll jedes Kind seinen eigenen Stuhl wiederfinden und sich
darauf setzen. Die Aufgabe kann
variiert werden, etwa dadurch,
daß sich jeder einen anderen
Stuhl sucht.

■ Bei dem Signal legt sich jeder
auf seinen Stuhl, kriecht unter
den Stuhl, hockt sich darauf und
so fort. Es erfordert noch mehr
Reaktion, wenn sich die Mitspieler bei einem Klatschen setzen,
bei zweimaligem Klatschen auf

den Stuhl legen und beim drei-
maligen Klatschen unter ihn kriechen sollen.

■ Die Mitspieler steigen auf
ihren Stuhl und klettern wieder
herunter.

■ Sie steigen über einen Stuhl,
kriechen und unter einem anderen hindurch.

■ Die Mitspieler halten sich mit
einer Hand an
der Stuhllehne
fest und drehen
sich unter ihr
hindurch, ohne
sie loszulassen.

■ Jeder sitzt
auf seinem
Stuhl und versucht mit den Beinen „radzufahren"; im Liegen zu
schwimmen.

■ Alle sitzen auf ihren Stühlen
und fassen unter die Sitzfläche.
Sie stehen auf und spazieren mit
den Stühlen durch den Raum.

■ Die Stühle werden zu einem
Kreis zusammengestellt, die Sitzflächen nach außen. Die Mitspieler laufen herum und klatschen auf die Sitzflächen.

■ Sie setzen sich auf ein Zeichen auf ihren Stuhl (auf einen
anderen).

> **Jeder Mit-
> spieler braucht
> einen Stuhl,
> der vier Beine
> hat und nicht
> wackelt.**

Allerlei
Spielerei

Viel zu entdecken für
neugierige Kinderaugen und
viel zu tun für
findige Kinderhände.

Krimskrams

Sie verstecken verschiedene
Schachteln und legen immer in
eine Schachtel für alle Kinder
den gleichen Gegenstand hinein. So liegen in der einen
Schachtel mehrere Muscheln, in
der anderen die gleichen Blüten,
in der nächsten dieselben Früch-
te und so weiter.

Die Kinder gehen nun durch die
Wohnung oder den Garten und
suchen die Schachteln. Wer eine
Schachtel findet, nimmt möglichst unbeobachtet einen
Gegenstand heraus und stellt die
Schachtel an denselben Platz
zurück. Wenn alle die sechs verschiedenen Gegenstände gefunden haben, treffen sich die Kinder wieder in einem vorher
abgesprochenen Zimmer und
warten auf die anderen. Dann
vergleichen sie die Sachen und
überlegen, wo sie diese Dinge
gefunden haben könnten.

Schau genau hin

Im Laufe des Tages begegnen
den Kinder ständig ungewöhn-
liche oder besondere Dinge.
Wenn sie vorbei sind, stellt einer
der Spieler dazu eine Frage.

Zum Beispiel:
*Welche Farbe hatte der Pullover
des Fischers?*

*Wonach roch es vor dem
Restaurant?*

*Schaute die Oma auf dem
Balkon nach oben oder nach
unten?*

*Welche Schuhfarbe hatte der
Eisverkäufer?*

Die Spieler können morgens
jeder zehn Bohnen in die Hose
stecken und wer eine Frage, die
ihm jemand stellte, nicht beant-
worten kann, muß eine Bohne
abgeben.

Verkleiden

Verwandlungsshow

Nach dem Abendessen verschwinden alle in den Zimmern und schneidern sich aus den Zeitungen eine Verkleidung. Als Vorbild nehmen die Spieler eine Person, die sie heute gesehen haben und die alle aus irgendeinem Grund beeindruckt hat.

Vielleicht war es der *Eisverkäufer im Strandbad* oder der *Schaffner in der Straßenbahn*

Es reicht, wenn die Kinder die Zeitung mit den Händen in die richtige Form reißen und anschließend mit Klebestreifen zusammenkleben.
Sind alle fertig, treffen sie sich im gemeinsamen Zimmer und lassen die anderen raten, wer denn nun wer ist. Natürlich dürfen kleine Hilfestellungen beim Raten gegeben werden.

Diashow

Gemeinsam überlegen die Spieler sich ein Geschichte, die sie zusammen erlebt haben, vielleicht im letzten Urlaub. Nun werden die einzelnen Szenen untereinander verteilt.
Anschließend malt jeder seine Szenen auf Butterbrotpapier.

Geschichten erzählen

Vorher ziehen die Spieler mit Bleistift den inneren Rahmen eines Dias nach. Innerhalb von diesem Rechteck kann jetzt jedes Kind seinen Geschichtenteil malen.
Sind sie fertig, schneiden sie die Bilder etwas größer aus und legen sie in einen Glasdiarahmen.
Nun können sie sich ihre Diageschichte anschauen. Wenn sie wollen, können sie das Ganze mit Musik und Text untermalen.

Klingendes Mobile

Lust auf musikalische
Bewegung?
Das wird gebraucht:
eine Holzscheibe von ca. 10 cm
Durchmesser,
kleine Metalldosen (von Mais
oder Spargel),
Gläser mit Schraubdeckel,
Schnur sowie ein Rundholz mit
3 cm Durchmesser und 20 cm
Länge als Klöppel.

Sie können das Holz im Bau-
markt kaufen und es in der richtigen Größe zusägen lassen.
Dann brauchen die Kinder
jemanden, der einen Bohrer hat,
und ihnen hilft, die Löcher zu
bohren, die sie brauchen.
Die Löcher müssen so groß sein,
daß die Schnur hindurchgezo-
gen werden kann.
Ungefähr 1/2 cm vom Rand entfernt bohren sie in gleichmäßi-
gen Abständen acht Löcher,
dazu kommt noch eines genau
in die Mitte. In das Rundholz
bohren wir anschließend an
einem Ende im Abstand von 1
cm auch noch ein Loch.
Dieses Rundholz wird nun in die

Mitte der Holzscheibe gebunden. Es soll später als Klöppel
die Gegenstände zum Klingen
bringen. Dazu werden 20 cm
Schnur abgeschnitten. Nun ziehen die Kinder die Schnur durch
das Loch im Rundholz und kno-
ten sie nach 2 cm zu einer
Schlaufe. Die restliche Schnur
wird durch das Loch in der Mitte
des Holzkreises gezogen und
nochmals zu einer großen
Schlaufe verknotet. An dieser
Schlaufe kann später das Mobile
aufgehängt werden. Damit es
später einigermaßen ausbalan-
ciert ist, hängen Sie es am
besten während des Bastelns an
einen Haken.

Nun nehmen die Kinder einen
Nagel und stechen in die Dosen
und in die Deckel der Gläser
jeweils ein Loch. Ein 15 cm lan-
ges Stück Schnur wird abgeschnitten. Die Schnur wird durch
eine Dose gezogen und von
innen her mit einem dicken Kno-
ten versehen, er soll die Dose an
der Schnur festhalten. Diese
Dose binden die Kinder nun an
das Mobile, indem sie die
Schnur durch eines der Löcher

ziehen und es dort festknoten. Die Deckel binden wir auf dieselbe Weise fest und schrauben anschließend die Gläser an. Man sollte versuchen, die verschiedenen Dinge so anzubinden, daß das Mobile im Gleichgewicht hängt. Wenn an allen Löchern etwas angebunden ist, kann man es mit einem Haken an die Decke hängen. Anstatt Dosen und Gläsern können auch verschiedene Hölzer, Alurohre oder Flaschen angebunden werden. Je nachdem, wie breit die Gegenstände sind, die die Kinder benutzen wollen, muß die die Größe des Holzkreises entsprechend verändert werden.

Fotostationen

Mit verschiedenen Fotos aus der Umgebung wird, wenn es genügend Mitspieler gibt, eine kleine Rallye vorbereitet. Immer zwei bis drei Kinder erhalten ein Foto, das ein Detail des Parks, des Geländes, Häuser oder wichtige bekannte Personen aus der Umgebung darstellt. Jede Gruppe bekommt ein anderes Bild.

Die Gruppen rennen los und suchen diesen Ort. An dem erstem Zielpunkt liegen Puzzleteile. Jede Gruppe, die diesen Ort findet, darf eines davon nehmen und muß es zum Spielleiter an den Ausgangsort mitnehmen. Dort erhalten sie ein neues Foto. Nach und nach ergänzt sich das Puzzle, bis es fertig ist. Die Gruppe deren Puzzle als erstes fertig ist, ist Sieger.

Variation:

Alle versuchen gemeinsam, ein großes Puzzle fertig zu machen. Dazu tragen alle Gruppen die Teile zusammen, und es entsteht ein Bild, auf dem zum Beispiel alle Spieler zu sehen sind. So ein Puzzle können sie leicht selbst herstellen, indem sie ein Foto auf einen dicken Karton kleben und ihn anschließend in viele kleine Teile zerschneiden.

Alle auf einem Fleck

Im Haus ist es ganz dunkel. Ein Kind sucht sich ein Versteck. Die anderen zählen bis 30 und suchen das Kind dann, jedes für sich. Wer es gefunden hat, setzt sich leise zu ihm hin. Wenn alle das Versteck gefunden haben, ist das Spiel zu Ende. Wer als erstes das Versteck gefunden hat, darf loslaufen, um sich ein neues Versteck zu suchen, das die anderen finden müssen.

Sachen zum Staunen

Es ist immer wieder eine Freude,
wenn Kinderaugen
zu funkeln beginnen, wenn sie
vor Staunen aufgerissen sind.
Zum Staunen bringen die
hier vorgestellten Ideen.

Geheimschriften

Größere Kinder, die schon lesen können, wollen bestimmt eine Geheimnachricht bekommen. Kleineren kann ja ein lachendes Gesicht oder andere Gestalten gezeichnet werden. Mit einem Pinsel wird mit *Milch* die geheime Botschaft oder die Figur auf das Papier gemalt. Mit dem Trocknen verschwindet das Gemalte – das Blatt sieht harmlos und leer aus. Legt das Kind das Papier auf eine *warme* Herdplatte oder in den *warmen* Backofen erscheint das Gemalte nach kurzer Zeit in brauner Farbe wieder.
Anstelle von Milch kann auch Zitronensaft, Kartoffelsaft oder Zuckerwasser genommen werden.

Geheimnis

Ein weiteres Geheimnis: den eigenen Namen mit heller Marmelade oder Honig auf die Haut, z.B. auf den Unterarm, auftragen. Die Buchstaben sollten dann aber möglichst groß aufgemalt werden. Nach dem Trocknen werden sie fast farblos, der Arm klebt nur sehr schön. Wenn man dann Zigarettenasche (oder Papierasche) über die bemalte Hautpartie streicht wird der Name sichtbar.

Auch mit *„Tintenkiller"* lassen sich gut Botschaften oder Bilder malen. Die Schrift wird wieder sichtbar, wenn man verdünnte Tinte mit einem Pinsel auf dem Papier verteilt.

Ganz geheimnisvoll sind *Wasserzeichen.* Das Papier wird in lauwarmem Wasser eingeweicht (mit kaltem dauert es unwesentlich länger). Ein trockenes Papier wird darauf gelegt. Auf dieses trockene Papier wird mit einem Stift geschrieben. Das Geschriebene oder Gemalte drückt sich auf das nasse Papier durch und verschwindet, wenn das Papier trocknet. Es ist erst wieder zu sehen, wenn man das Blatt erneut befeuchtet.

Das verrückte Streichholz

Dieses Experiment ist mehr zum Vorführen, die meisten Kinder können doch noch nicht so gut mit Streichhölzern umgehen. Aber, da es sehr wirkungsvoll ist, haben sie auch so ihren Spaß.

Eine Streichholzschachtel steht senkrecht auf dem Tisch. Darauf liegt ein Zehnpfennigstück. Zwischen Kästchen und Schachtel ist ein Streichholz eingeklemmt, der Zündkopf zeigt nach oben. An das Streichholz lehnt sich, Zündkopf an Zündkopf ein zweites Hölzchen. Es steht auf dem Geldstück.

Dies ist ein Rätsel für Tüftler. Schon so manche Schulanfänger fangen an, sich für physikalische „Wunder" zu interessieren.

Die Aufgabe lautet: Wie kann man das Zehnpfennigstück von der Schachtel nehmen, ohne daß das diagonal stehende Hölzchen herunterfällt?

Zündet man nun mit einem weiteren Streichholz (und anderer Schachtel) die Köpfe der beiden Streichhölzer an, kleben sie zusammen. Das aufliegende Holz biegt sich nach oben und man kann den Groschen fortnehmen.

Das Ei in der Flasche

Ein hartgekochtes Ei wird abgepellt auf den Flaschenhals einer Weinflasche gelegt. Der Hals ist eindeutig enger als das Ei. Das Ei soll nun durch den Hals in die Flasche schlüpfen, wobei es seine Gestalt behalten soll, also nicht kleingehackt oder ähnliches wird. Der Trick dabei: In die Flasche wird ein brennendes Papier gesteckt, das Ei verschließt den Hals. Es entsteht ein Unterdruck in der Flasche. Das Ei wird ins Innere der Flasche gezogen. Es sieht witzig aus, wenn sich das Ei ganz lang macht und sich durch den Hals quetscht, um dann auf den Flaschenboden zu plumpsen.

Schwämme, die sich aufplustern

In Spielzeuggeschäften gibt es kleine Eier, in die Schaumstofftiere, meistens Dinosaurier gepreßt sind. Legt man das Ei in lauwarmes Wasser, schmilzt die äußere Schale. Das Tier im Innern quillt heraus, plustert sich

auf, schwillt an und wird als Dinosaurier erkennbar. Ähnliches gibt es auch als Schwämme, die ganz fest und flach zusammengepreßt sind, dann im Wasser aufquellen. Man findet sie in manchen Drogerien.
In einigen Wäscheläden gibt es auch Baumwollhandtücher, die zu faustgroßen Rollen gepreßt sind. Auch sie verwandeln sich in warmem Wasser zu normal großen Handtüchern.

Der klebende Luftballon

Reibt man einen Luftballon lange an einem Wollpullover, lädt er sich statisch auf. Wenn dann das Kind mit dem Luftballon an die Decke gehoben wird, kann es spüren, wie der Ballon von der Decke angezogen wird und dort hängen bleibt, manchmal sogar für ein paar Tage.

Hase und Möhre

Aus festem Papier wird eine Tüte gerollt, festgeklebt und gerade geschnitten. Die Tüte wird auf einen Karton geklebt. Ein Hase wird aus Papier gemalt und ausgeschnitten. Er ist so groß, daß er gut in die Tüte paßt. Am Näschen wird ein Nylonfaden (unsichtbares Nähgarn) befestigt. Er wird durch ein Loch am oberen Rand des Kartons nach hinten geführt. Wird an dem Faden gezogen, erscheint das Häschen. Man kann natürlich auch eine „natürliche" Ablenkung benutzen, damit nicht so auffällt, daß am Faden gezogen wird. Dann wird eine Möhre über den Rand gehalten: Das Häschen kommt neugierig hervor.

Zauberei

Statt „klassischer" Zaubermotive können genausogut andere Gestalten erscheinen: Zum Gespensterfest kann ein Vampir oder ein kleines Gespenst aus einer Papierburgruine auftauchen. Beim Sternenfest tauchen vielleicht Peterchen und Annaliese aus Peterchens Mondfahrt aus einer Papierwolke auf, oder der Mann im Mond hinter dem Vollmond...

Natürlich kann die Tüte auch für Schulanfänger umgestaltet werden. Sie wird dann noch mit ABC-Buchstaben geschmückt. Aus der Tüte kann dann ein ABC-Schütze erscheinen. Vielleicht gibt es ja ein schönes Foto des Kindes. Es kann auf Pappe geklebt werden, einen Schultornister angemalt bekommen.

Zeitungspalmen

Das ist kein Zaubertrick, dennoch sehr wirkungsvoll. Ca. 15 cm breite Zeitungsstreifen werden aneinandergeklebt und aufgerollt. Den erste Streifen wickelt man um den eigenen Zeigefinger. Nach drei Umdrehungen den Finger aus der Röhre ziehen, um dann den Rest der Streifen einigermaßen dicht aufzurollen. Das Ganze sollte ungefähr einen Durchmesser von 2 cm haben. Mit einem Cutter schneidet man viermal in das Papier, ca 10 cm tief. Zieht man nun die Mitte der Röhre in die Höhe, wächst eine Palme. Die eingeschnittenen Ränder bilden die Palmwedel. Je mehr Papierstreifen aufgewickelt wurden, desto länger wird die Palme. Es sollte allerdings vorsichtig herausgezogen werden, weil sonst die Palme in einen Sturm gerät und abknickt. Wie man am besten zieht, bekommt man schnell heraus.

Der dressierte Marienkäfer

Die Kinder sehen einen gemalten Marienkäfer, der genau das tut, was ihm gesagt wird: Lauf zu dem Blatt, kletter die Leiter hoch, schwimm durch den See. Der Effekt ist sehr wirkungsvoll und dabei so einfach: Der Marienkäfer sitzt auf einem kleinen Nagel. Mit Hilfe eines Magneten wird er geführt. Der ist nicht zu sehen, weil zwischen den beiden das bemalte Papier ist. Das Papier ist groß genug und zeigt eine schöne Landschaft mit

Seen, Bäumen, einem Spielplatz... eben genug, um dem Marienkäfer viele Aufgaben stellen zu können. Natürlich können an Stelle des Käfers auch andere Tiere, Menschen oder andere Gegenstände genommen werden. Wenn die Kinder den Trick heraushaben, können sie ja selber ein Autorennen veranstalten: Es wird eine Rennstrecke aufgemalt. Die Autos werden von unten geführt und sollen vom Start bis ins Ziel kommen, ohne daß die Straße verlassen wird. Das ist gar nicht so einfach, wie es klingt.
Oder es soll ein Boot durch ein mit Eisschollen übersätes Meer sicher in den Hafen gelangen. Oder ein Hund soll durch ein Labyrinth sein Herrchen wiederfinden oder... die Kinder haben bestimmt jede Menge eigene Ideen.

Kullersine

Das ist eine ganz einfache kleine
Sache, aber immer wieder schön
für Kinder. Da raschelt ein dicker
Kopf über den Fußboden oder
Tisch. Ganz von allein! Na, nicht
ganz! Einen kleinen Schubs mit
dem Finger hat sie schon
bekommen. Wer? Na, die Apfel-
sine, die da unter Seidenpapier
verborgen über die Platte kullert.
Wird auf das Seidenpapier ein
lustiges, erstauntes, tragisches
Gesicht gemalt, ist das Ganze
noch spannender. Das Papier
soll ganz locker übergestülpt
werden, daß die Kullersine gut
laufen kann. Die Frucht selber
sollte aber nicht zu sehen sein.
Das ist ein Spaß, der kleine Kinder lange immer wieder neu fasziniert.

Farben-
zauber

Farben bringen Bewegung
in den Alltag.
Was sich alles mit Farben
anstellen läßt,
zeigen die nächsten Seiten.

Wolkenbilder

Wolken sagen viel über das Wetter aus: Dicke dunkle Wolken künden den Regen an, zarte Schäfchenwolken gutes Wetter. Zerfledderte Wolkenränder zeigen, daß sie einfach weiterziehen, den Regen noch ein bißchen bei sich behalten wollen, während feste Wolkenränder ankünden, daß sie den Regen doch lieber bald ausschütten wollen. Aber für die Fantasie sagen sie noch viel mehr: Ganze Geschichten werden da oben am Himmel gespielt. Am schönsten ist es natürlich, an einem schönen Sommertag im Gras zu liegen und die Wolken vorbeiziehen zu sehen. Da, das Krokodil will das Schäfchen fressen! Nein, da kommt schon die Hexe auf ihrem Besen und treibt das Krokodil weiter.

Fotos von Wolken können ein kleiner Ersatz sein. Entweder machen die Kinder (oder Erwachsenen) sie selber oder es werden welche aus Büchern gezeigt: Mal schauen, was die Kinder darin sehen.

Bilder bringen Kinder immer wieder neu zum Staunen: Wenn sie diese betrachten, aber noch mehr, wenn sie sie selber herstellen. Und da gibt es die erstaunlichsten Farbeffekte.

Wolkenmänner

Sich selber verrückte Gestalten ausdenken, macht noch mehr Spaß. Ganz alberne Sachen kommen heraus, wenn drei sich zusammentun, aber keiner weiß, was der andere malt. Das geht mit Knick-Bildern. Ein Papierstreifen wird zweimal geknickt, so daß drei einigermaßen gleiche Drittel entstehen. In das oberste Drittel malt das Kind den Kopf des Wolkenmannes, es knickt das Gemalte um und gibt es seinem Nachbarn zur rechten Seite weiter. Dieser malt nun den Körper, knickt wiederum um, gibt es auch an seinen rechten Nachbarn weiter, der dann die Beine und Füße malt. Je verrückter die Gestalten, desto alberner wird das Spiel: Köpfe brauchen ja nicht rund zu sein, die Ohren können auch als Spiralen aus dem Kopf kommen. *Wer sagt denn, daß ein Wolkenmensch nur zwei Arme haben muß?* Und ein Schwanenhals sieht auch witzig aus, wenn ganz oben ein winzig kleines Köpfchen sitzt.

Flitzefarben

Der Rand eines Papiertaschentuchs (oder Küchenkrepp oder Filtertüte) wird mit verschiedenen Farben aus dem Farbkasten eingepinselt. Eine Tasse steht umgestülpt auf einer Untertasse, das Tuch wird drübergehängt. Die Untertasse wird mit Wasser gefüllt und schon geht das Farbspiel los. Das Tuch saugt sich voll Wasser, die Farben laufen los und ineinander.

Fadenbilder

Ein Wollfaden wird mit Wasserfarbe eingepinselt. Der Faden kommt zwischen zwei Blätter, so, daß beide Enden unten herausschauen. Zieht das Kind gleichzeitig an beiden Enden und drückt auf das obere Blatt, entstehen zwischen den Blättern Muster, die manchmal an Frühlingsblumen erinnern. In manchen kann man auch ganz seltsame Gestalten entdecken, die mit Bleistift oder Filzstift noch betont werden können.

Ölkleisterbilder

Eine alte flache Schale wird zur Hälfte mit Wasser gefüllt. Die Schüssel oder Schale muß groß genug sein, um ein Blatt Papier glatt auf die Oberfläche zu legen. Wenn der Schalenboden mit Klarsichtfolie ausgelegt wird, die über den Rand hinausragt, ist sie nachher einfacher sauber zu machen. Dem Wasser wird ein Teelöffel Kleister zugegeben und verrührt. Wenn sich das Wasser wieder beruhigt hat, träufelt man einige Kleckse Ölfarbe auf die Oberfläche und verrührt sie zart mit einem Stöckchen. Das Blatt Papier saugt die Ölfarbe an und klebt am Blatt fest. Am besten legt man es zum Trocknen auf Zeitungspapier. Es dauert ein paar Tage bis die Farbe ganz trocken ist. Auch in diesen Bildern können Gestalten entdeckt werden, man muß nur genau hinschauen.

Anstelle von Papier können auch Ostereier in das Bad getaucht werden oder kleine Papierschachteln oder Spandöschen. Damit die Farben schön glänzen, werden sie nach dem Trocknen noch mit Klarwachs eingerieben.

Sandbilder

Das ist ein schöner Sommerspaß. Am besten macht man es gleich am Sandkasten. Der Papierbogen wird mit angerührtem Tapetenkleister bemalt. Den feinen trockenen Sand rieseln die Kinder darüber und drücken ihn ganz zart fest. Nach dem Trocknen wird der restliche Sand weggepustet.
Schüttet man ein wenig Sand in dickere Pulverfarben oder Farbpigmentlösung, färbt sich der Sand. Je nach Farbintensität ist er entweder in zarten Pastelfarben gefärbt oder kräftiger getönt. Nach dem Trocknen kann auch er ausgestreut werden. Diesmal kann das ganze Blatt mit angerührtem Kleister eingestrichen sein, entweder ziemlich dick oder stückweise, weil der Kleister doch relativ schnell trocknet.
So können ganz herrliche Muster aufgerieselt und vorsichtig festgedrückt werden. Auch hier werden nach dem Trocknen die lockeren Sandreste weggepustet.

Malen mit Natursachen

Nicht nur mit Sand, auch mit anderen Natursachen kann gemalt werden. Am besten streift man mal mit offenen Augen durch Küche und Natur und probiert aus:

- **Kakao**
- **Curry, Paprikapulver**
- **Früchtetee**
- **Kaffepulver (instant oder Kaffeesatz)**
- **Tomatenmark, Ketchup, Senf**
- **Maggiwürze**
- **Brombeeren**
- **Selbst Spinat oder kleingedrückte Petersilie eigenen sich.**

Es muß nur ein bißchen Wasser hinzugefügt werden.

Ausprobieren lohnt sich!

Das Faszinierende an dieser Malerei ist, daß die Pflanzen und Gewürze krümelig, körnig und faserig sind, die Bilder dadurch noch eine Struktur erhalten.

Das kann auch zu einem *Ratespiel* gestaltet werden. Ein Kind experimentiert mit den verschiedensten Gewürzfarben herum, ein anderes Kind versucht herauszufinden, was dazu benutzt worden ist. Geht das besser mit dem Näschen oder mit dem Finger oder den Augen?

Märchen
in
Bewegung

Aschenputtel

Aschenputtels Kleid fasziniert wohl viele kleine Mädchen. In ihrer Fantasie wird es immer schöner, je öfter sie das Märchen hören. Jetzt gestalten sie es selber: Das Kind legt sich auf einen großen Bogen Papier. Seine Körperkonturen werden mit einem Stift nachgezeichnet. Dann malt es das Gesicht und entwirft das Kleid.

Noch schöner sind natürlich echte Kostüme. Vielleicht können alte Kleider der Eltern umgewandelt werden. Manchmal genügt ein breiter Gürtel, um aus einem Glitzer T-Shirt ein edles Gewand zu machen. Auch einfache Stoffe können mit Stoffmalstiften und Glitzer-Stoffstiften veredelt werden. Klebt man einen glatten Stoffstreifen auf Pappe, die so lang ist wie der Bauchumfang und läßt den Stoffstreifen an beiden Enden ca. 30 cm überhängen, kann der Gürtel zu einer wundervollen Schärpe geknotet werden. Den Gürtel selber verziert das Kind mit den Glitzer-Stoffstiften.

Masken und Kronen

Aus Pappe werden die Kronen hergestellt. Die Größe hängt vom Kopfumfang ab. Die Pappe sollte etwas über den anderen Rand stehen, damit man sie aneinandertackern kann. Verziert werden sie allerdings vorher: mit Glimmer, Glitter, Zieredelsteinen, mit goldenen Stiften. Die Zacken können lang und schmal, klein und zierlich, regelmäßig oder uneben gezackt sein.

Die Masken können ebenfalls aus Pappe hergestellt werden. Der richtige Blick ist wichtig, sonst ist die ganze Maske „für die Katz". Die Pappe wird aufs Gesicht gehalten, vorsichtig mit einem Bleistift der Sitz der Augen markiert, bevor die Augenlöcher mit einer kleinen Schere ausgeschnitten werden. Dann am besten noch einmal nachprüfen und eventuell korrigieren. Jetzt kann die Maske in den tollsten Farben angemalt werden. Die Augenränder werden mit Kleber umstrichen. Auf die noch feuchte Klebe kommt

Glimmer oder kleine bunte Federn. Das macht den Träger geheimnisvoll.

Bremer Stadtmusikanten

In dem Haus der Räuber geht es ja sehr turbulent zu, nachdem die vier Freunde darin Einzug gehalten haben. Und wie friedlich wirkt es doch von außen. Der Schein trügt. Sobald der Räuber das Haus betritt, flattert der Hahn auf,

die Katze springt ihn an, der Esel versetzt ihm einen Tritt.

So ist es auch hier. Das äußere Haus wirkt so normal. Aber hinter dem vorderen Haus befindet sich eine Drehscheibe, auf der die Tiere abgebildet sind. Wird die Scheibe gedreht, erscheinen immer neue Gestalten in den Fenstern.

Das Haus entsteht aus einer *großen weißen Pappe* (mindestens DIN-A4). Es kann als Räuberhaus gestaltet werden. Die

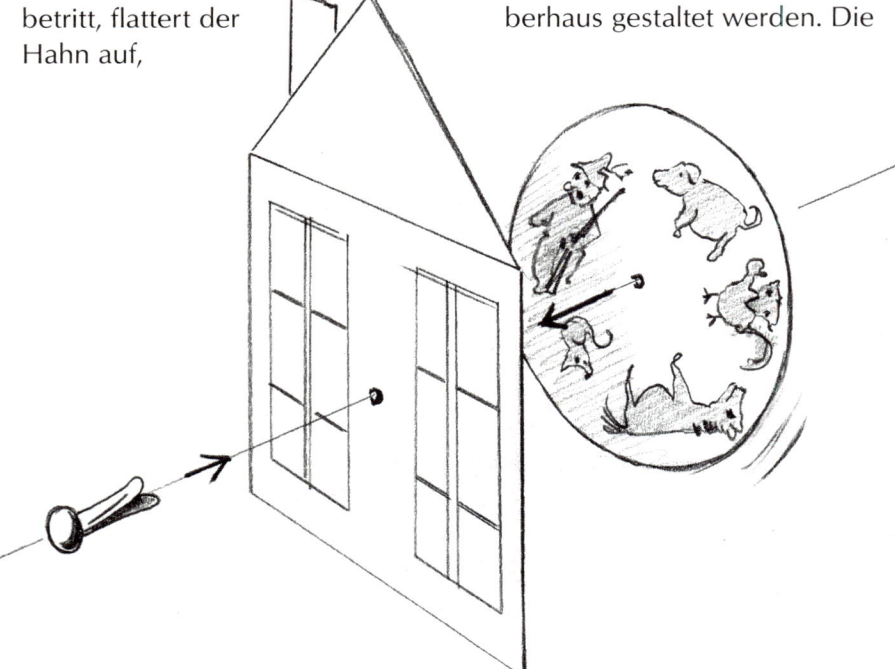

Fenster sind groß. Sie werden ausgeschnitten.

Die zweite Pappe wird zu einem Kreis geschnitten, er schließt mit den Rändern ab. Das Haus mit den ausgeschnittenen Fenstern wird auf den Kreis gelegt. In die Fenster zeichnet man nun den Hund, den Esel, den Räuber, die Katze und den Hahn. Man kann auch mehrere Räuber malen, einer guckt ganz vorsichtig, dem anderen steht die Angst im Gesicht geschrieben... Eine Musterklammer wird genau durch die Mitte des Hauses und der Pappscheibe gebohrt und auf der Rückseite auseinandergeklappt. Wenn man an der Scheibe dreht, erscheinen und verschwinden die Gestalten am Fenster des Hauses.

Der kleine Muck

Der Turban des kleinen Mucks oder anderer Gestalten aus dem Orient reizt viele Kinder. Es ist für sie nur zu schwer, selber einen zu machen. Denn andauernd fallen sie wieder auseinander, der Stoff will nicht halten.

Einfacher wird es, wenn man einen Luftballon aufbläst, bis er die Größe eines Kinderkopfes hat. Entweder wird die Hälfte des Ballons mit Papierstreifen beklebt, die vorher mit Tapetenkleister bestrichen wurden. Oder man bestreicht direkt Stoffstreifen mit Kleister und umhüllt die Hälfte des Ballons damit, weil nicht jeder Kleber sich mit Luftballon verträgt, sie eher zum Platzen bringt. Mit dem Fön kann die Schicht getrocknet werden. Der Ballon wird aufgeschnitten. Die Schichten sind jetzt hart und können mit Stoffstreifen umhüllt werden. Jetzt hält jeder normaler Haushaltskleber. Ist der Turban fertig, kann er auch noch farbig gestaltet und mit Federn versehen werden.

Nach dem gleichen Prinzip kann man natürlich auch die prachtvollsten Hüte herstellen. Es kann mit Stoffresten, verschiedenen Papieren, Federn, Moos, Drähten, Blättern, Glimmer und Glitzer gearbeitet werden – die Fantasie kennt keine Grenzen.

Gestalten von Wänden

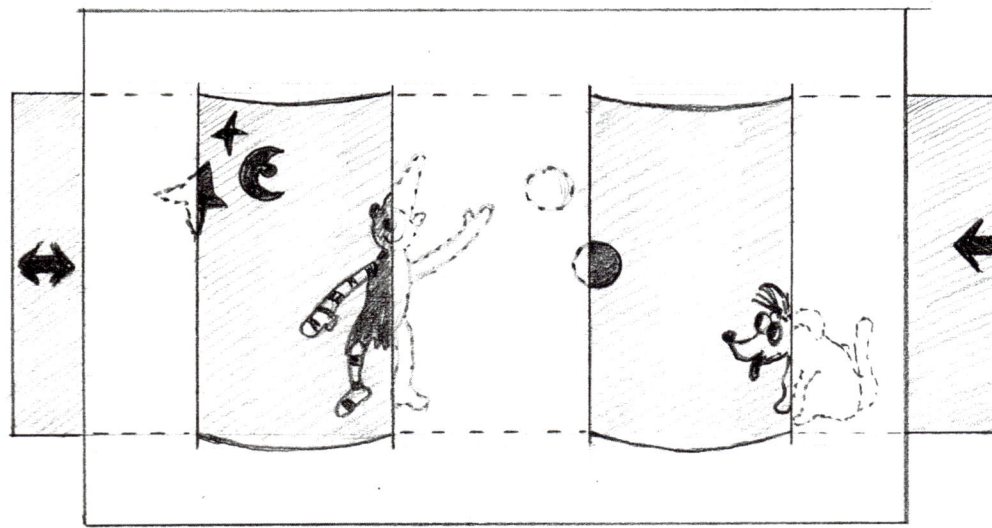

Warum sollen Kinder ihre eigenen
vier Wände nicht nach ihrem
eigenen Geschmack gestalten?
Bringen wir Bewegung in die Räume!

Das magische Bild

Auf eine große Pappe wird ein Bild gemalt z.B. ein großes Meer. Zieht man an einem Streifen, der seitlich aus der Pappe heraussteht, erscheinen auf dem Bild Fische, die sich im Meer tummeln, Seesterne, Algen, Bootwrack, Schätze u.a.m.

Wie das geht?

In die Pappe werden mit einem Cutter vier senkrechte Schnitte gemacht, die ca. 2 cm vom oberen und unteren Rand aufhören. Durch diese Streifen wird eine zweite Pappe „gewebt", auf die vorher die Tiere und Gegenstände, die zum Meer passen, gezeichnet wurden. Auch der Hintergrund ist in dem selben Blau gemalt. Am besten kennzeichnet man sich vorher mit dem Bleistift den Raum, in dem das Verborgene gezeichnet werden kann. Zieht das Kind nun an dem Streifen, wird das vorher Verborgene sichtbar.

Natürlich können auch andere Motive gewählt werden: ein Nachthimmel, auf dem plötzlich Sterne, Mond und Satelliten erscheinen, eine Autorennbahn mit Rennwagen, eine Wiese mit Blumen und Kühen...

Suchbild

An der Wand ist ein großer Bogen Papier befestigt. Ein Kind stellt sich davor, ein anderes ummalt seine Körperkonturen. Dann malt es die Figur an, wobei es zwei bis drei Fehler einbaut, die die anderen dann herausfinden müssen. So bekommt ein Junge Ohrringe, ein blondes Kind erhält braune Haare oder eine Haarschleife anstelle des Haarreifens...

Fensterbilder

In einer Ecke des Raumes ist eine große Fensterscheibe aufgestellt. Ein Kind hockt auf der einen Seite des Scheibe, das andere auf der anderen Seite. Beide haben einen Malkittel an, beide haben Fingerfarbe. Jetzt heißt es für das eine Kind: gut aufpassen! Es malt nämlich genau das, was das andere vormalt von seiner Seite nach.

Dabei benutzt es die gleichen Farben. Muster sind fast noch schwieriger als Figuren!

Sternenhimmel

Die Gute-Nacht-Geschichte zum Ausklang des Tages oder Festes kann auch ganz besonders gestaltet werden. Von der Decke des Raumes hängen Umschläge mit Sternen drauf. In den Umschlägen stecken Zettel mit jeweils fünf Worten drauf. (Oder auf der Rückseite der Sterne stehen die einzelnen Worte geschrieben). Ein Kind wählt einen Umschlag aus und bekommt die Wörter vorgelesen. Zusammen erfinden jetzt alle eine Geschichte, in der die Worte vorkommen.
Oder das Kind zeigt auf einen Stern. Das Wort, das daraufsteht wird die Hauptfigur der Geschichte. Einer fängt an zu erzählen, andere spinnen weiter. Dann zeigt ein Kind auf einen anderen Stern und das Wort muß irgendwie mit in die Geschichte eingebaut werden. Das Erzählen ist für viele Kinder

erst einmal ungewohnt. Wenn die Erwachsenen mit gutem Beispiel vorangehen, wird es das Kind bald lernen. Es können ihm Starthilfen gegeben werden, indem der Erwachsene so tut, als wisse er mit der Geschichte nicht weiter.

Meist haben die Kinder in ihrer Fantasie schon eine Lösung bereit, die die Geschichte weitertreibt. Das macht es auch für die erwachsenen Erzähler spannender, wissen sie doch auch nicht, was sich das Kind gerade ausdenkt.

Und das sind meistens sehr humorvolle Gedanken, die unsere „Kleinen" so haben.

Minikino

Um einen Bleistift sind vier Bilder geklebt. Sie werden vorher in der Mitte gefaltet und vorsichtig aneinandergeklebt. Dabei bleibt ein Loch in der Mitte, durch das dann der Stift gesteckt wird. Dreht man den Bleistift zwischen den beiden Händen, beginnt das Kino: Die Bilder bewegen sich.

Es werden vier gleich große quadratische Papiere für diesen Spaß gebraucht und ein Rundholz (oder Bleistift). Auf jedes Blatt wird ein Tier oder ein Mensch oder eine Figur gemalt, die vier unterschiedliche Bewegungen macht.

Beispiel:
1. Bild: Das Kind spielt mit dem Ball, der auf dem Boden liegt.
2. Bild: Das Kind wirft den Ball in die Luft.
3. Bild: Der Ball bleibt in der Dachrinne liegen.
4. Bild: Das Kind holt mit einer Leiter den Ball herunter.

Oder:
1. Bild: Ein Vogel sitzt auf einem Nest.
2. Bild: In dem Nest liegt ein Ei.
3. Bild: Aus dem Ei guckt ein Küken.
4. Bild: Das Küken ist ganz aus dem Ei geschlüpft.

Spieglein, Spieglein an der Wand

An der Wand hängt ein Spiegel, auf den mit Fingerfarbe ein gezwirbelter Schnurrbart, ein wuscheliger Bart, abstehende rote Haare, Lockenwickler, abstehende Ohren und ähnliches gemalt sind. Guckt das Kind in den Spiegel, sieht es sich total verändert.

Spiegelmosaik

Das ist nichts für Abergläubische, die da glauben: Wenn ein Spiegel zerbricht, bringt das Unglück. Hierbei wird nämlich bewußt ein Spiegel in kleinere Stücke zerschlagen. Am besten hüllt man ihn dazu in ein Tuch und schlägt dann von außen mit einem Hammer den Spiegel klein. Die Stücke werden vorsichtig herausgeholt, zur Seite gelegt, die kleinen Splitter weggeworfen.

In eine vorbereitete Form, z. B. in einen leeren Schuh,- oder Stiefelkarton, in eine leere Zigarren-

Spiele mit Spiegeln

kiste wird Gips gefüllt. Dazu wird erst Wasser in eine Schüssel gegeben, dann der Gips eingestreut, und zwar so viel bis sich ein kleiner Gipshügel bildet und aus dem Wasser schaut. Der Gips wird mit einem kleinen Stöckchen umgerührt und in die vorbereitete Schale gegossen. Jetzt heißt es schnell arbeiten, denn der Gips bindet schnell: Die Spiegelscherben werden zu einem Muster gelegt, indem sie vorsichtig in die Gipsmasse eingelegt werden. Aber nicht so fest andrücken, sonst gehen sie unter. Man kann auch ein tolles Bild legen, das sieht ganz reizvoll aus.

Es dauert gut eine Woche, bis der Gips richtig trocken ist und man das Bild an die Wand hängen kann. Dann ist es aber nicht nur schön anzuschauen: Es ist auch ganz faszinierend, davor zu stehen und sich selber darin zu betrachten. Ein Teil seines Gesichtes ist zu sehen, ein anderer nicht, es ist schon fast Kunst.

Spiegelfahnen

Ein alter Spiegel wird in ein Tuch gehüllt und mit einem Hammer in kleinere Stücke zerschlagen. Die einzelnen Spiegelteile klebt man nun auf lange Stoffstreifen, die locker von der Decke hängen. Das Gewicht der Spiegelstücke läßt sie senkrecht hängen. Trotzdem schwingen sie etwas hin und her. Strahlt man dieses Kunstwerk mit einem Strahler an, reflektiert das Licht in den Spiegelteilen, und der Raum bekommt eine ganz andere Atmosphäre.

Zerrbilder

Mit glänzenden Blechen kann dieses Vergnügen, an dem schon unsere Großeltern Spaß hatten, hergestellt werden. Sie werden entweder nach außen oder nach innen gebogen an die Wand gestellt. Biegt man das Blech nach außen und stellt sich dann davor, hat man einen ganz dicken Bauch. Was passiert, wenn das Blech nach innen gebogen ist? Ausprobieren!

Reifentreiben

Für das muntere Reifentreiben werden: *ein altes Rad vom Fahrrad ohne Schlauch und Mantel, ein Stock, Wolle, Glöckchen oder Metallstäbe, bunte Metallfolie, Klebstoff und eine Schere benötigt.*

Zu guter Letzt: ein Reifen fetzt!

Die Kinder nehmen das alte Rad und machen es erst einmal in der Badewanne sauber. Wenn es trocken ist, schneiden sie die Metallfolie in 5 cm breite Bänder. Nun beginnen sie die Folie zwischen die Speichen zu flechten. Wenn ein Streifen zu Ende ist, kleben sie den nächsten an und flechten weiter, bis der ganze Reifen bunt ausgefüllt ist. In unregelmäßigen Abständen werden nun mit der Wolle Glöckchen oder Metallplättchen an den Reifen gebunden und in die Mitte des Rades buntes Kreppapier. Sind die Kinder mit der Gestaltung ihres Reifens zufrieden, gehen sie nach draußen und treiben den Reifen mit dem Stock an, immer weiter zu laufen, klingelnd und glitzernd.

Bewegung mit Licht

Auch Licht kann Bewegung schaffen –
und uns selbst bewegen.
Erstaunlich, wie sich mit
kleinen Ideen große
Veränderungen verwirklichen lassen.

Taschenlampen-malerei

Wenn im Zimmer keine helle, farblose Wand ist, nehmen Sie ein altes *Bettlaken* und hängen es auf. Alle Beteiligten sitzen mit einigem Abstand vor dieser entstandenen Leinwand. Einer zeichnet mit dem Schein der *Taschenlampe* eine Form auf die Wand. Am besten beginnt man mit ganz einfachen Sachen, wie einem Kreis, einem Viereck und so weiter. Wer als erster die Form richtig erkannt hat, nimmt die Taschenlampe und darf eine neue Form zeichnen. Wenn alle damit ein wenig Übung haben, können sie einfache Gegenstände auf die Leinwand zaubern.

Lichtgeister

Ein weißes Papier wird zu einer Tüte gerollt und festgeklebt. Die Tüte sollte ungefähr die Größe der Taschenlampe haben. Der untere Rand, der auf die Lampe gestülpt wird, kann gerade abgeschnitten, eingerisssen, fransig geschnitten oder mit schwarzem Filzstift bemalt werden. Jetzt braucht man nur noch das gruselige Gespenstergesicht malen. Die Spitze der Tüte zeigt nach oben. Die Tüte klemmt am Taschenlampenrand fest. Das Gespenst wird am Stab gefaßt und durch den Raum geführt. Damit die Lampe nicht gesehen wird, wird der schwarze Ärmel des Sweatshirts drübergezogen.

Scherenschnitte

Mit künstlichem Licht im Raum erzeugen wir nun Scherenschnitte. Ein Kind stellt sich mit dem Profil zur Wand. Wird es mit einer starken Lampe angestrahlt, erscheint sein Schatten auf der Wand. Je näher es an der Wand steht, umso klarer sind seine Umrisse zu erkennen. *Jetzt wird ein großes weißes Blatt aufgehängt.* Mit einem Stift kann ein anderes Kind die Konturen umzeichenen, später ausmalen oder ausschneiden und auf schwarze Pappe kleben. Natürlich können auch hierbei die Schatten verändert oder ergänzt werden.

Das Taschenlampen-Kaleidoskop

Verschiedene Papiere sind beim Bau des Kaleidoskops wichtig: Pappe, farbiges Transparentpapier, Schreibpapier. Dann werden noch Klebestreifen und eine Schere benötigt. Aus dem Papier werden Kreise geschnitten, die so groß sind wie die Scheibe auf der Taschenlampe. Diese können mit farbigen Papierschnipseln verziert werden. Oder man schneidet Muster in die Kreise, Zickzack, Wellen, macht mit dem Locher Punkte. Die verschiedenen Kreise können auch übereinander gelegt werden, ergeben so immer wieder neue Muster. Das Ganze wird mit Klebestreifen an der Taschenlampe befestigt.

Wird nun das Licht ausgeknipst können mit der Taschenlampe die schönsten Farbspiele an der Wand stattfinden.

Die Papiere können auch mit Filzstiften bemalt werden und dann im Dunkeln leuchten.

Hinterglas-Aquarium

Wir malen mit Filzstiften die schönste Untersee-Landschaft auf eine Glasscheibe.
Strahlt man die Scheibe mit einer Taschenlampe an, leuchten die Farben ganz intensiv, auch an der Wand.
Dann kann im Dunkeln ein tolles Unterwassertheater stattfinden. Wie wäre es mit Swimmy von Leo Leonni? Der passende Hintergrund ist schon da.
Die Fische aus festem Papier können auf kleinen Schaschlikstäbchen befestigt werden und durch das Wasser schwimmen. Sie werden wie beim Stabpuppentheater von unten gespielt. Es ist günstig, daß sich die Spieler abwechseln, weil sie die Wirkung mitbekommen wollen.

Geisterstadt

Wer gerne bastelt, der kann sich aus leeren Milchkartons Häuser bauen, sie mit Fenstern und Türen versehen, anmalen oder mit Papier umkleben. Ganze Straßen können so gebaut werden. Wenn dahinter oder da hinein Teelichter gestellt werden, leuchten sie wunderbar (aufpassen bei offener Flamme).

Die Häuser allein sehen schon toll aus, aber spannend ist es, daraus ein Spiel zu machen, und es wird im Dunkeln gespielt: Ein Geist treibt sein Unwesen in der kleinen ruhigen Stadt, läßt die Einwohner nicht mehr zu ihrer nächtlichen Ruhe kommen (kleine Spielfigur, die von einem Kind irgendwo in der Stadt versteckt wird).

Nur mit einer Taschenlampe ausgestattet, versucht der Nachtwächter (ein anderes Kind) das Geistlein zu finden. Trifft der Lichtstrahl auf den Geist hat sein letztes Stündlein geschlagen. Dann werden die Rollen getauscht.

Ein bißchen basteln schadet nicht

Wir basteln Tischlampen

Leere Marmeladen- oder Gewürzgurkengläser eignen sich wunderbar für Tischlampen. Sie werden eingekleistert und mit Transparentpapierschnipseln beklebt. Ist das Papier getrocknet, sorgt ein Teelicht dafür, daß die Lampe leuchtet.

Genauso gut und einfach lassen sich Lampenschirme herstellen. Etwas festeres Papier wird dafür gebraucht. Der Streifen wird an beiden Seiten konisch zugeschnitten, der obere Rand ist also ca. 2cm schmaler als der untere. Auf den Streifen kann das Kind mit Filzstiften eine tolle Landschaft, Figuren oder Muster malen. Die Ränder werden übereinandergelegt und dann zusammengeklebt. So kann es über ein leeres Marmeladenglas gestülpt werden. Das brennende Teelicht bringt die Farben noch mehr zum Leuchten.

Das Regenbogenpuzzle

Erst einmal stellen wir Seifenblasen her aus:
3/4 Liter Schmierseife,
25 g Tapetenkleister,
500 g Zucker und
einem Liter kaltem Wasser.
Dann werden noch:
Holzstäbe, Pfeifenputzer,
Draht, Mullbinden
und eine Zange
gebraucht.

Wir nehmen einen großen Topf
und geben die Schmierseife, den
Tapetenkleister und den Zucker
hinein. Der Brei muß unter stän-
digem Rühren aufkochen. Dann
nehmen wir den Topf vom Herd
und geben den Liter Wasser
dazu. Wenn das Wasser sich mit
dem Brei ordentlich verbunden
hat, stellen wir die Seifenlauge
zwei Tage zur Seite, damit alles
richtig durchziehen und quellen
kann. Damit die Seifenblasen
schön groß werden, sollten wir
die Geduld aufbringen und so
lange warten.
In der Zwischenzeit basteln die
Kinder verschieden große Ringe
für die Seifenblasen. Als erstes
nehmen sie einen Pfeifenputzer
und biegen ihn zu einem Ring.
Diesen befestigen sie an einem
Holzstab. Die Kinder können
auch zwei Pfeifenputzer miteinander verbinden, damit der Kreis
größer wird. Danach nehmen sie
den Draht und biegen noch
zwei oder drei verschiedene Ringe von 15 cm bis 30 cm Durchmesser. Diese Ringe umwickeln
sie mit der Mullbinde und befestigen jeden Ring einzeln an
einem Holzstab.
Wenn sie nun Seifenblasen
machen wollen, müssen sie die
Lauge in eine flache Schüssel
geben, die mindestens den
Durchmesser hat wie der größte
Ring, den die Kinder gemacht
haben. Der Ring wird kurz in die
Lauge eingetaucht und an-
schließend langsam durch die
Luft gezogen. Am Anfang müssen alle sicher etwas üben, um
die richtige Geschwindigkeit herauszufinden. Dann aber können
sie untereinander feststellen, wer
Seifenblasenkönig ist.

Funkentanz

Schöne, leise Musik erklingt. Wir haben ein paar Wunderkerzen in der Hand. Mit einer Kerze zündet jeder die erste Wunderkerze an. Wenn sie Funken sprühen, blasen wir die Flamme wieder aus. Zur Musik bewegen alle die Wunderkerzen in der Luft. Kurz bevor sie zu Ende ist, nehmen wir die nächste Wunderkerze und zünden sie an der ersten an.

Dann können wir weiter tanzen.

Zwischendrin schauen alle aber auch einmal, wie es aussieht, wenn sich so viele Funken im Tanz bewegen.

Kinder schminken Eltern

Schminken mit fluoreszierenden Farben ist faszinierend, weil die Schminke im Schwarzlicht total anders wirkt als im normalen Licht. Unsere Haut hat unterschiedliche Fettpartien, deshalb wirkt die Schminke leicht scheckig, was aber auch sehr effektvoll, manchmal fast ein bißchen gruselig wirkt. Das heißt: Auch wenn kleinere Kinder ihre eigenen Eltern schminken, können sie sich dann trotzdem vor ihnen auch ein bißchen gruseln.

Spannend ist es, wenn die Darsteller erst ganz starr sitzen, um dann langsam lebendig zu werden.

Es gibt auch fluoreszierende Knete, die das Gesicht schön entstellen kann, fügt man zum Beispiel dem Kinn etwas von dieser Knete zu. Dicke buschige Augenbrauen, eine dicke Beule auf der Stirn o.ä. sind auch sehr effektvoll im Schwarzlicht.

Frisiert man seine Haare noch dementsprechend, toupiert sie stark an und besprüht die Haarsträhnen mit fluoreszierendem Haarspray ist die Wirkung perfekt.

Der leuchtende Tisch

Im Ausverkauf gibt es oft für ganz wenig Geld Stoffe. Sie (oder alte Bettlaken) finden hier ihren Einsatz. Mit einer Nagelschere werden winzig kleine Löcher in die Decke gebohrt. Von der Rückseite her bohrt man die kleinen Lichter einer Lichterkette (Weihnachtsbeleuchtung) hindurch, die Kabel werden glattgezogen, eventuell mit Klebestreifen befestigt. Die Tischdecke kommt auf den Tisch, der Stecker in die Steckdose und schon leuchtet der Tisch festlich. Mit einer dunkelblauen Decke wirkt das Ganze wie ein Sternenhimmel und sieht besonders schön an Winterabenden aus.

Kinder sind in der Regel so angetan von der festlichen Atmosphäre, daß sie schon von ganz allein sehr vorsichtig sind. Die Erwachsenen setzen sich einfach dorthin, wo das Kabel herläuft, so daß auch die Kinder nicht darüber stolpern können. Das Kabel kann auch noch zusätzlich mit Klebestreifen am Boden befestigt werden.

Wem die „Kabelwirtschaft" mit Kindern trotzdem zu gefährlich ist, der kann den Stoff ja auch an die Wand hängen, das sieht auch sehr schön aus. Die Motive werden dann zart mit Bleistift vorgemalt und die Lichterkette wird entlang der Konturen durch die vorgestochenen Löcher gesteckt. Das Motiv leuchtet auf.

Leuchtblumen

Überhaupt können mit Lichterketten die tollsten Stimmungen hervorgezaubert werden. Papierblumen wirken mit einer leuchtenden Mitte wunderbar. Die Blumen hängt man aneinander zu einer Girlande und schiebt dann von hinten die Lichterkette ins Zentrum der Blumen. Das Kabel wird mit grünen Blättern verdeckt.

Bergglühen

Lichterketten in Tüllberge gehüllt wirken märchenhaft. Dazu knüllt man ihn locker zusammen und drappiert ihn dann auf Fensterbänke, Schränke oder Regale. Er sieht auch auf einem Büffettisch toll aus.

Lamettadecken

Lametta gibt es auch noch am Streifen und in unterschiedlichsten Farben. Steckt man lange Streifen Alufolie an der Decke fest und fügt an den Schnittstellen eben diese Lamettastreifen ein, sieht das allein schon gut aus. Die Wirkung wird erhöht, wenn unter der Alufolie die Lichterketten verlegt sind und die Glühbirnen zwischendurch durchstrahlen. Jetzt braucht nicht gleich der Christbaum geplündert zu werden, nach Weihnachten kann ja in vielen Familien gesammelt werden. Das nächste Fest kommt

bestimmt, solange wird es eben aufbewahrt. Es braucht ja nicht so ordentlich wie am Tannenbaum zu hängen. Kleine Lamettanester mit Lichterketten sehen auch sehr wirkungsvoll aus.

Märchenhafter Spiegel

Wenn um Spiegel locker Stoff geschlungen wird und man dazwischen Lichterketten zieht, wirkt der Spiegel wie aus einem Märchenbuch geschlüpft. Der Stoff wird mit Sicherheitsnadeln zusammengehalten und kann auf der Rückseite mit Paketband oder anderem festen Klebestreifen zum Halten gebracht werden.
Überhaupt eignen sich Spiegel hervorragend zur Dekoration von Räumen. (Da fragt man am besten in der Familie nach, vielleicht gibt es da Verwandte mit Spiegeltick!)

Das große Sommer-Sonnenblumen Fest

Wollen Sie im Sommer oder Herbst
ein strahlendes, leuchtendes Fest
mit Ihren Kindern feiern,
dann stellen Sie es doch unter
das Motto Sonnenblumenfest.

Dazu wird alles gebraucht, was mit Sonnenblumen zu tun hat, die langstengligen Blumen selbst, dazu jede Menge Kerne. Echte Sonnenblumen können den Raum schmücken. Außerdem brauchen Sie einiges Bastelmaterial.
Laden Sie doch die Nachbarskinder oder die Mitschüler Ihrer Kinder zu einem schönen Fest ein.

Selbst gemacht

Sonnenblumen lassen sich leicht von Kindern basteln: Gelbe Pappe oder gelb angemaltes dickes Papier wird wie eine Sonnenblume ausgeschnitten, die Mitte dunkelbraun gefärbt. *Es können beliebig viele und große Blumen ausgeschnitten werden.*
Sie werden verziert, in dem Sonnenblumenkerne in der Mitte aufgeklebt werden. Einseitig oder beidseitig, je nachdem wozu man sie gebrauchen will. Als Dekoration werden sie mit Tesafilm an die Wände geklebt.

Zu Blumensträußen werden sie zusammengebunden, in dem die einzelnen Blüten an Stäben befestigt und in große Vasen gestellt werden.

Sonnenkinder

Schminken Sie die Hände und später die Füße der Kinder zu Sonnenblumen. Sind die Hände geschminkt, können die Kinder versuchen, die Sonnenblumen „aufgehen" und wieder „ein schlafen" zu lassen, indem sie ihre Hände langsam öffnen und schließen. Bei geschminkten Füßen legen sich die Kinder mit den Rücken auf im Raum verteilte Decken, strecken die Füße in die Luft und zappeln. Einzelne Kinder können aufstehen und sich das wogende Sonnenblumenfeld anschauen.

Ein Fest für Kinder und ihre Freunde

Haben Sie einen schönen warmen Tag erwischt, lassen sich die Sonnenblumen auch auf die Bäuche schminken.
Wie werden sie sich bewegen, wenn die Kinder dicke Bäuche machen und dann die Luft wieder einziehen?
Was passiert, wenn sich zwei Sonnenblumen „küssen"?

Sonnenblumen-schmuck

Aus den Sonnenblumenkernen lassen sich Arm- und Fußbänder oder Halsringe anfertigen. Die Kerne müssen auf einen Faden gefädelt werden; einfach mit der Nadel durch einen Kern piksen. Es können auch bunte Fäden sein. Soll der Schmuck bunt werden, lassen sich die Kerne einzeln anmalen oder der gesamte Schmuck wird nach Fertigstellung in Farben getaucht.

Sonnenblumen-mosaik

Aus den Kernen können Mosaike angefertigt werden. Dazu werden sie unterschiedlich gefärbt und zu Bildern auf Pappen geklebt. Sollen verschiedene Größen erzielt werden, kann man die Sonnenblumenkerne auch mischen mit Kernen von Äpfeln, Birnen, Kürbis, mit Maiskörnern, Leinsamen und vielem mehr.

Leckere Inseln

Es gibt in dem Raum, wo das Sonnenblumenfest stattfindet, Sonnenblumeninseln, das sind einzelne Ecken, die geschmückt sind und in denen es etwas zu essen oder zu trinken gibt, das natürlich mit Sonnenblumen zu tun hat.

Das können Schälchen mit verschiedenen Kernen zum Naschen sein, Plätzchen, die mit Sonnenblumenkernen verziert sind, belegte Brote aus Sonnenblumenkernbrot, vielleicht bestrichen mit Nutella als dunkelbrau-ner Blütenmitte und Blütenblättern aus Aprikosenmarmelade. Vielleicht möchten Sie sogar eine Sonnenblumenkernsuppe erfinden.

Doch beginnen sollte das Fest mit dem

Sonnentanz

Tanz

Wir sind allesamt kleine Sonnenstrahlen.

Die Kinder verteilen sich entlang der Wände des Raumes und bilden langsam einen Kreis.

Da kommen ganz dicke Regenwolken auf.

Jetzt spielen vier Kinder Wolken, indem sie sich ganz groß und breit machen.

Hinter diesen Wolken verstecken sich nun so viele Sonnenstrahlen wie möglich.

Die Sonnenstrahlkinder kauern sich hinter die Wolkenkinder.

Dann aber werden die Strahlen größer und größer und durchdringen die Wolken.

Die kauernden Kinder erheben sich und treten vor die Wolkenkinder.

Die Strahlen fallen auf die Erde und vertreiben die Kälte.

Einige Kinder legen sich auf den Boden und schlottern vor Kälte. Sonnenstrahlkinder wedeln ihnen Wärme zu, woraufhin sie aufhören zu frieren.

...und bringen Wärme.

Menschen, Tiere, Pflanzen freuen sich.

Die Kinder schlüpfen nach Herzenslust in die Rollen von Menschen, Tieren und Pflanzen und lassen es sich gut gehen.

Sonnenspiele

Nach dem anstrengenden Sonnentanz ruhen sich die Kinder erst einmal ein wenig aus, gehen zu den Sonneninseln, essen ein Blumenplätzchen und trinken Sonnensaft (gelbe Limonade oder Orangensaft). Frisch gestärkt, sind sie dann sicher wieder Feuer und Flamme für ein paar kleine Spielchen.

Das 1. Sonnenspiel:

Die Sonnenfrau

Ein gelber Kittel, ein gelber Hut und Schal sowie ein Sonnenstrahl (aus Pappe geschnitten) sind vorhanden.
Nun probieren die Kinder erst einmal aus, wie sich eine Sonnenfrau bewegt. Watschelt oder tanzt sie, kugelt sie sich herum wie die Sonne selbst?
Das Wichtigste aber ist: Eine Sonnenfrau wird nur lebendig, wenn man ihr ein Zauberwort zuflüstert (natürlich ein Wort, das etwas mit „Sonne" zu tun hat).

Zum Spiel:

Ein Kind steht ganz steif da. Die anderen ziehen ihm in Windeseile die Sachen an und geben ihm den Sonnenstrahl in die Hand. Ein Kind flüstert ihm das Zauberwort ins Ohr. Jetzt ist die Sonnenfrau entzaubert und bewegt sich auf ihre eigene Art einmal im Kreis durch den Raum, von den anderen Kindern umtanzt. Das Kind, das ihr das Zauberwort ins Ohr geflüstert hat, stellt sich in einer Raumecke steif hin. Kommt die Sonnenfrau bei ihm an, helfen alle Kinder, die alte Sonnenfrau von ihren Sachen zu befreien und die neue einzukleiden. Das Spiel wird fortgesetzt, bis alle einmal Sonnenfrau waren.

Die Sonne wäre nichts ohne ihre Strahlen: Sobald alle Kinder einmal Sonnenfrau waren, bilden sie zusammen eine Sonne: Ein Kind kugelt sich ein, die anderen legen sich als Sonnenstrahlen um es herum.

Das 2. Sonnenspiel:

Kleine Sonnen

In der Mitte des Zimmers steht ein Eimer. Die Kinder bekommen die „Sonnen" – kleine Styroporkugeln – und sollen sie aus einer gewissen Entfernung (etwa zwei Meter) in den Eimer werfen. Das versuchen zuerst alle wild durcheinander. Dann wirft jedes Kind einzeln. Wer schafft es, alle Sonnen zusammenzubringen?

Das 3. Sonnenspiel:

Strahlenschutz

Ein Kind spielt den „Strahl". Alle krabbeln auf allen Vieren durch den Raum. Der Strahl versucht, ein anderes Kind am Fuß zu berühren. Ein so berührtes Kind darf sich nicht mehr von der Stelle bewegen und „schwitzt". Ein anderes Kind darf sich nun eine Sonnenmütze, die in einer Ecke liegt, holen und sie dem Schwitzenden aufsetzen. Der ist nun vor allzuviel Sonne geschützt und darf weiterkrabbeln. Doch es wird nicht lange dauern, bis der Sonnenstrahl alle Kinder zum Schwitzen gebracht hat. Dann übernimmt ein anderes Kind seine Rolle und alle krabbeln wieder los.

Das 4. Sonnenspiel:

Strahlentanz

Der Recorder steht auf dem Tisch, der Erwachsene schiebt die Kassette ein. Wenn die Musik erklingt, tanzen alle Kinder durch den Raum. Beim Stoppen der Musik erstarren alle, um beim erneuten Start der Musik wieder aufzutauen. Nun wird ein Kind nach dem anderen angetippt. Es bleibt in seiner momentanen Position stehen. Die anmutigsten Sonnenstrahlen werden beklatscht.

Nun wird es wieder Zeit für eine kleine Pause. Die Kinder stärken sich. Dann erzählen Sie ihnen :

Mitmachgeschichte

Wachse, kleine Sonnenblume – die Mitmachgeschichte

Die Sonnenblumenkerne sind noch in der Erde.

Die Kinder kauern sich auf den Boden.

Langsam wächst ein Stengel aus dem Boden.

Ein Arm wird nach oben ausgestreckt.

Der Stengel wächst höher, eine Knospe wird sichtbar.

Die Kinder gehen in die Hocke und strecken beide Arme nach oben. Mit beiden Händen formen sie eine Knospe.

Die Sonnenblume ist groß geworden und breitet ihre Blüte aus.

Die Kinder stehen auf und breiten langsam die Arme aus.

Die Sonne steht hoch am Himmel. Das freut die Sonnenblume.

Die Kinder tanzen auf dem Fleck.

Langsam geht die Sonne unter. Die Sonnenblume wird müde.

Die Kinder sinken ganz langsam in sich zusammen.

Dann schläft sie ein und träumt vom nächsten Sonnenaufgang.

Die Kinder kauern sich wieder auf den Boden.

Zum Abschluß des großen Sonnenblumenfestes gibt es noch einmal ein bißchen mehr Bewegung. Zuerst tanzen alle miteinander den Sonnenblumentanz, danach kommen auch noch die Sonnenblumenkerne zu ihrem Recht.

Der Sonnenblumen-tanz

Um ein rundes dunkles Tuch (oder eine runde Pappe) in der Mitte versammeln sich die Blüten: Alle Kinder sind mit einem gelbem Kreppstirnband ausgestattet. Sie bewegen sich zum Mittelpunkt und wieder von ihm weg. Dann setzen sie sich auf den Boden, so daß die Füße am Mittelpunkt liegen, heben die Arme in die Luft und legen sich langsam auf den Rücken. Dann beugen sie sich wieder vor. Das wird einige Male wiederholt.

Auch Kerne können tanzen

Jedes Kind bekommt einen Pappteller, auf dem Sonnenblumenkerne liegen, etwa 20 Stück. Nun bewegen die Kinder ihre Pappteller so auf und ab, daß die Kerne auf der Pappe zu tanzen beginnen. Sie müssen sehr vorsichtig sein, damit kein Kern auf den Boden fällt. Machen Sie den Kindern vor, wie es geht.

Die Sonnenlutscher

Zum Abschied gibt es für jedes Kind einen Sonnenlutscher. Das können in gelbes Papier gehüllte Sesamriegel sein oder kandierte Orangenschalenstreifen.

IDEEN FÜR ELTERN – DIE NEUE RATGEBER-REIHE

Gisela und Elmar Esser

Gesund und fit

Familie und Gesundheit

Gesundheit ist eines der wichtigsten gesellschaftlichen Themen. Die Anzahl der sogenannten Zivilisationskrankheiten steigt. Diese sind vielfach auf ungesunde und fehlerhafte Lebensführung zurückzuführen.
Aus der eigenen Praxis in der Familie und mit viel Fachwissen haben die Autoren vieles zusammengetragen, das für eine gesunde Lebensführung unentbehrlich ist.

96 Seiten mit zahlreichen Abbildungen
DM 24,80/öS 184,00/sFr 24,80
ISBN 3-7664-9302-7

Maja Hasenbeck

Mit Kind und Kegel

In die Ferien fahren

Was gibt es Schöneres als die Ferien? Zumindest für die Kinder; für die Eltern bedeuten Ferien auch Streß. An was da alles gedacht werden muß, wieviel Planung und Vorbereitung das erfordert. Wo soll es hingehen? Was muß mitgenommen werden? Was kann am Ferienort unternommen werden?
Die Autorin schöpft aus reicher Erfahrung. Sie ist reiseerfahren mit und ohne Kinder.

96 Seiten mit zahlreichen Abbildungen
DM 24,80/öS 184,00/sFr 24,80
ISBN 3-7664-9301-9

Eckart Bücken

Ein schöner Tag

Feste in der Familie

Feste in der Familie, was gibt es da nicht alles zu feiern, vom ersten Zahn über die Geburtstage von Kindern, Eltern und Großeltern, von der Einschulung zu Kommunion und Konfirmation, vom Mutter- und Vatertag bis zu den Hochzeitsjubiläen.
Alle Feste werden präsentiert von der Vorbereitung bis zur Verabschiedung der kleinen oder großen Gäste.

96 Seiten mit zahlreichen Abbildungen
DM 24,80/öS 184,00/sFr 24,80
ISBN 3-7664-9306-X

Regina Grabbet

Geschenke selber machen

Kinder basteln kreativ

Wie oft geht es bei Kindern doch um Geschenke! Natürlich warten die lieben Kleinen bei jeder Gelegenheit darauf, etwas geschenkt zu bekommen. Doch sie schenken auch gerne selbst – und freuen sich riesig über die Freude der Beschenkten. Die Autorin ist überzeugt davon, daß Kinder eigentlich am liebsten in einen eigenen kreativen Prozeß einsteigen, um Geschenke selber anzufertigen.

96 Seiten mit zahlreichen Abbildungen
DM 24,80/öS 184,00/sFr 24,80
ISBN 3-7664-9316-7

IDEEN FÜR ELTERN – DIE NEUE RATGEBER-REIHE

Daniela Feix-Mag

Wörter sind Schätze

Spielerisch die Sprache entwickeln

Eltern haben immer wieder Fragen zum Themenbereich Sprachentwicklung. Bange stehen sie vor der Frage, ob ihr Kind Sprachstörungen hat. Die Autorin gibt unter Mitarbeit der Sprachtherapeutin Jutta Ohlberger kurze und verständliche Hinweise auf wichtige Aspekte dieses Themenkreises.

96 Seiten mit zahlreichen Abbildungen
DM 24,80/öS 184,00/sFr 24,80
ISBN 3-7664-9318-3

Eckart Bücken

Zuhören können

Mit Kindern die Stille entdecken

In unserer lärmbedrohten Welt wird es immer wichtiger, auch einmal in sich selbst hineinzuhören. Das gilt für unsere Kinder ebenso wie für uns selber. Nicht nur die äußeren Eindrücke prägen; in uns ist vieles angelegt, das sich näher zu betrachten lohnt. Um das Kennenlernen der Kräfte, Bilder und Visionen, die in uns stecken, geht es in diesem Band.

96 Seiten mit zahlreichen Abbildungen
DM 24,80/öS 184,00/sFr 24,80
ISBN 3-7664-9315-9